추천의 글

피터 레이하트는 내가 아는 한, 성경을 연구하는 사람들 중에서도 가장 신중하고 끈기 있으면서도 상상력이 풍부한 사람이다. 십계명에 대한 그의 깊은 묵상은 이 책을 읽는 모든 독자에게 풍부한 깨우침을 선사할 것이다.

앨런 제이콥스Alan Jacobs
베일러대학교
「How to Think」의 저자

오늘날 우리는 자유를 노래하지만, 정작 우리를 둘러싸고 있는 환경과 내면의 연약함 때문에 폭력이나 정치적 이념, 그리고 맘몬Mammon의 노예로 살아가는 경우가 많다. 피터 레이하트는 우리에게 진정한 자유를 보여주기 위해 성경 속에 감춰진 보화를 발굴해내었다.

R. R. 리노R. R. Reno
「First Things」의 편집자

구체적이지만 율법적이지 않고, 성경적이면서도 학문적이지 않으며, 산만하지 않고 선명하다. 피터 레이하트의 십계명은 그렇게 독자들의 이목을 집중시킨다. 이 책에는 예수님을 십계명의 근본정신이자 영혼으로서 바라보게 하는 치료제가 있다.

한스 부르스마Hans Boersma
나쇼타하우스신학교
「Scripture as Real Presence」의 저자

이 "보석 같은 책"은 내가 지금까지 접한 십계명에 관한 입문서들 중 단연 최고이다. 나는 거의 모든 페이지에서 새로운 내용을 배웠다. 한 장의 그림이 천 마디의 말을 할 수 있다면, 하나님의 "열 마디"는 이스라엘 백성과 교회가 새로운 피조물로서 이루어갈 수천 장의 그림을 그려낸다. 피터 레이하트는 하나님께서 인간의 자유를 제한하거나 좌절시키려고 십계명을 주신 것이 아니라 그것을 완성하고 확장해 나가기 위해 주셨다는 사실을 설득력 있는 사례를 통해 제시한다. 신실한 크리스천이라면 누구나 십계명에 관심을 가질 필요가 있다. 저자가 설명한 바와 같이, 이 모든 계명은 말씀이 육신이 되어 오신 예수님에 관한 것이기 때문이다.

케빈 밴후저Kevin Vanhoozer
트리니티복음주의신학교
「Biblical Authority after Babel」의 저자

십계명은 오래된 유물처럼 보이지만, 피터 레이하트는 십계명이 현대 사회에도 밀접하게 관련이 있음을 보여준다. "십계명"은 누가 하나님이시고 누가 그분의 백성인지를 드러낸다. 저자는 십계명이 하나님의 아들에게 속해있음을 보여준다. 예수님은 하나님의 신실한 아들이시며, 예수님 안에서 우리도 하나님의 신실한 자녀다. 십계명은 예수님을 드러낸다. 피터 레이하트도 말한 바와 같이, "십계명은 우리를 위한 것인가?" 이렇게 묻는 것은, "예수님은 우리를 위한 분이신가?"라고 묻는 것과 다를바 없다!

패트릭 슈라이너Patrick Schreiner
웨스턴신학교
「The Kingdom of God」의 저자

십계명

CHRISTIAN ESSENTIALS

십계명

자유롭게 하는 온전한 율법 가이드

크리스천 에센셜 시리즈 3

피터 레이하트 지음

김용균 옮김

십계명 자유롭게 하는 온전한 율법 가이드

크리스천 에센셜 시리즈 3

초판 1쇄 인쇄 : 2022년 10월 31일
초판 1쇄 발행 : 2022년 11월 20일

지은이 피터 레이하트 / 옮긴이 김용균
펴낸이 이원우 / 펴낸곳 솔라피데출판사
기획 · 편집 : 이상영
주소 : (10881) 경기도 파주시 문발로 123 파주출판문화정보산업단지
전화 : (031)992-8691 / 팩스 : (031)955-4433
등록 : 제10-1452호 / Email : vsbook@hanmail.net
공급처 : 솔라피데출판유통 / 전화 : (031)992-8691

값 12,000원 / Printed in Korea
ISBN 978-89-5750-123-8

CHRISTIAN ESSENTIALS

THE TEN COMMANDMENTS

A Guide to the Perfect Law of Liberty

The Ten Commandments: A Guide to the Perfect Law of Liberty
Christian Essentials

Lexham Press, 1313 Commercial St., Bellingham, WA 98225

목차

CHRISTIAN ESSENTIALS

시리즈 머리말

「크리스천 에센셜Christian Essentials」 시리즈는 사도신경, 주기도문, 십계명 등과 같은 기독교 신앙의 본질을 담고 있는 전통을 명확하면서도 이해하기 쉽게 분석하고 풀어내어 독자들에게 전달하기 위해 심혈을 기울여 기획되었다.

그리스도인에게 있어서 신앙의 성장이란 역설적이게도, 다시 처음으로 돌아가는 것이다. 위대한 종교개혁가 마르틴 루터Martin Luther는 이 원리를 다음과 같이 설명하였다. "나도 이제는 나이가 지긋한 학자가 되었지만, 여태껏 십계명이나 사도신경, 주기도문과 같은 기본 교리를 한 번도 소홀히 한 적이 없다. 나는 지금도 여전히 사랑스러운 한스, 레나와 함께 매일 그것들을 배우고 기도한다." 루터는 평생토록 성경을 공부한 자신도 어린 자녀들만큼이나 여전히 예수 그리스도에 대해 배울 것이 많다고 여겼다.

초대교회는 십계명, 세례, 사도신경, 성찬식, 주기도문, 그리고 공예배와 같은 기본적인 성경의 가르침과 전통들 위에 세워졌다. 사도들의 시대부터 오늘에 이르기까지, 이러한 기독교적 삶의 기초가 노인이든 청년이든, 남자든 여자든, 목회자든 성도든 상관없이, 모든 믿음의 세대들을 지탱하고 성장시켜 왔다.

> "너희가 다 믿음으로 말미암아 그리스도 예수 안에서 하나님의 아들이 되었으니"(갈 3:26)

우리는 믿음의 선조들과의 만남을 통해서 지혜를 얻는다. 그들은 시대와 문화를 초월해서 우리의 관점을 넓혀준다. C. S. 루이스Clive Staples Lewis는 "모든 세대는 그들만의 고유한 세계관을 가지고 있다. 각자의 관점은 어떠한 진리를 발견하는데 탁월하기도 하지만, 때로는 자칫 실수를 저지를 가능성을 높이기도 한다."라고 말했다. 우리는 현실에 초점은 맞추되, 앞서간 이들로부터 그들이 했던 질문과 통찰을 배워야 한다. 즉, 신앙의 선배들의 삶을 읽어 내려감으로써 우리가 전혀 생각해보지 못한 영적 통찰력을 얻어내는 것이다.

「크리스천 에센셜Christian Essentials」 시리즈는 우리 신앙의 기본이 되는 것들이 가지는 진정한 의미를 일깨워 줄 것이다. 위대한 전통과의 만남은 성경적이면서 강력한 힘으로 우리를 기본으로 돌아가게 할 것이며, 하나님의 자녀들에게 지속적인 성장을 맛보게 할 것이다.

> "이스라엘아 들으라 우리 하나님 여호와는 오직 유일한 여호와이시니 너는 마음을 다하고 뜻을 다하고 힘을 다하여 네 하나님 여호와를 사랑하라 오늘 내가 네게 명하는 이 말씀을 너는 마음에 새기고 네 자녀에게 부지런히 가르치며 집에 앉았을 때에든지 길을 갈 때에든지 누워 있을 때에든지 일어날 때에든지 이 말씀을 강론할 것이며 너는 또 그것을 네 손목에 매어 기호를 삼으며 네 미간에 붙여 표로 삼고 또 네 집 문설주와 바깥 문에 기록할지니라"(신 6:4-9)

AND GOD SPAKE ALL THESE WORDS, SAYING,

I am **THE LORD THY GOD**, which have brought thee out of the land of Egypt, out of the house of bondage. Thou shalt have no other gods before me.

Thou shalt not make unto thee any graven image, or any likeness of any thing that is in heaven above, or that is in the earth beneath, or that is in the water under the earth: Thou shalt not bow down thyself to them, nor serve them: for I **THE LORD THY GOD** am a jealous God.

Thou shalt not take the name of **THE LORD THY GOD** in vain; for **THE LORD** will not hold him guiltless that taketh his name in vain.

Remember the sabbath day, to keep it holy.
Six days shalt thou labor, and do all thy work:
But the seventh day is the sabbath of **THE LORD THY GOD**.

Honor thy father and thy mother: that thy days
may be long upon the land which **THE LORD THY GOD**
giveth thee.

Thou shalt not kill.

Thou shalt not commit adultery.

Thou shalt not steal.

Thou shalt not bear false witness against
thy neighbor.

Thou shalt not covet.

THE TEN COMMANDMENTS(English Version)

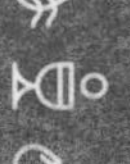

하나님이 이 모든 말씀으로 말씀하여 이르시되
나는 너를 애굽 땅, 종 되었던 집에서 인도하여 낸 **네 하나님 여호와**니라.

● **너는 나 외에는 다른 신들을 네게 두지 말라.**

● **너를 위하여 새긴 우상을 만들지 말고,
또 위로 하늘에 있는 것이나 아래로 땅에 있는 것이나
땅 아래 물 속에 있는 것의 어떤 형상도 만들지 말며,
그것들에게 절하지 말며, 그것들을 섬기지 말라.**
나 네 하나님 여호와는 질투하는 하나님이다.

● **너는 네 하나님 여호와의 이름을 망령되게 부르지 말라.**
여호와는 그의 이름을 망령되게 부르는 자를
죄 없다 하지 아니하리라.

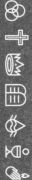

- **안식일을 기억하여 거룩하게 지키라.**
  엿새 동안은 힘써 네 모든 일을 행할 것이나,
  일곱째 날은 **네 하나님 여호와**의 안식일이다.

- **네 부모를 공경하라.**
  그리하면 **네 하나님 여호와**가 네게 준 땅에서 네 생명이 길리라.

- **살인하지 말라.**

- **간음하지 말라.**

- **도둑질하지 말라.**

- **네 이웃에 대하여 거짓 증거하지 말라.**

- **네 이웃의 집을 탐내지 말라.**

십계명(개역개정)

* 이 책 「십계명」에서는 독자들의 깊은 이해를 돕기 위해 출애굽기 20:1-17절(개역개정)을 인용하였습니다.

서문

아버지가 아들에게

하나님은 시내산에서 이스라엘 백성에게 십계명을 주셨다. 그런데 그 계명들이 현재를 살아가고 있는 **우리에게** 주신 것인지에 대해서는 한 번 더 생각해 볼 필요가 있다. 십계명이 유대인이 아니라 **그리스도인들**, 특히 "신약의 윤리"에 따라 살아가는 지금의 그리스도인들을 위한 것이라 할 수 있을까? 아니면 독일이나 일본, 나이지리아, 페루, 또는 미국인인 우리를 위한 것이라 할 수 있을까? 십계명은 오직 이스라엘만을 위한 것인가, 아니면 열방을 향한 것인가?

교회는 항상 십계명을 그리스도인들을 위한 하나님의 말씀으로 해석하여 적용해왔다.[1] 신약성경의 저자들은 십계명을 인용했고, 초기의 교부들은 강조했으며, 토마스 아퀴나스Thomas Aquinas는 주석을 달았다. 종교개혁 이후 교리문답과 신앙고백을 통해 십계명을 가르쳤고, 기도문에 넣음으로써 우리의 예배를 풍성하게 했으며, 교회 건축가들은 그 계명들을 벽에 새겨 놓았다. 알프레드 대왕Alfred the Great 같은 기독교 통치자들은 십계명을 민법의 기초로 삼기도 했다.

지금까지 십계명을 소중히 다루어 온 교회의 모습은 과연 옳았을까? 아니면 이제 그만 현대 교회에서 사라져야 할 옛 언약의 잔재일 뿐일까?

성경의 맥락 속에서 십계명이 어떤 식으로 표현되어 있는지 읽어보자. 이를 위해서, 우리는 본문을 자세히 살펴볼 필요가 있다. 성경은 '십계명'이라는 말을 사용하지 않는다(한글 성경에는 편의상 모두 십계명으로 번역되어 있다: 역주). 출애굽기 20장과 신명기 5장에는 여호와의 "열 개의 말씀"으로 기록되어 있다(출 34:28, 신 4:13). 이 말씀들은 규범이면서도, 토라Torah(율법)와 마찬가지로 선언, 경고, 언약 등이 담겨 있다. 이러한 언어 활용의 다중성은 이 책의 곳곳에서 사용한 '열 개의 말씀' 또는 '십계명'이라는 표현을 통해서 쉽게 확인할 수 있다.

이스라엘 백성은 시내 광야에 도착해서 3개월간 머물렀다(출 19:1). 그들의 뒤편 저 너머에는 열 가지 재앙으로 엉망이 되고 황폐해진 애굽 땅이 있다. 그들은 바다 한가운데를 가로질러 왔으며, 만나와 물을 받아먹었으며, 그리고 원망하고 반역했다. 시내산에서 모세에게 자신의 이름을 드러내셨던 하나님(출 3:1-12)께서 이제 이스라엘 백성에게 자신을 드러내고 계신다.

하나님께서 그달 **셋째 날**에 말씀하셨다(출 19:16). 여호와께서[2] 나팔소리와 함께 강림하사 이스라엘 백성을 모으시고는, 불과 연기 속에서 열 마디의 말씀Ten Words을 선포하셨다.

그분은 전에도 열 마디의 말씀을 하신 적이 있다. 창세기 1장에서 "하나님이 이르시되And God spoke"가 열 번 반복된다. 하나님은 시내산에서 다시 한번, 순종하고 따르기만 한다면, 이스라엘 백성을 새로운 피조물로 변화시킬 열 가지의 말씀을 하고 계신 것이다.[3]

여호와께선 이전에도 셋째 날에 말씀하신 적이 있다. 천지창조의 세 번째 날이자 창조 명령의 열 마디 중 일곱 번째 말씀에서, 여호와는 땅을 불러 풀과 씨 맺는 채소와 열매 맺는 나무를 내게 하셨다(창 1:11). 시내산에서 다시 말씀을 통해 당신이 이스라엘 백성을 애굽 땅에서 인도해내셨음을 상기시키신다(출 20:2). 이스라엘 백성은 이곳에서 처음 익은 열매를 축하하는 절기인 오순절을 기념하였고, 시내산에서 이스라엘은 처음 익은 열매, 즉 땅에서 난 첫 곡식과도 같은 자들이 되었다. 하나님께서 애굽에서 가져온 포도나무(시

80편, 사 5장)가 열매를 맺을 것이라고 말씀하신다. 죽은 자 가운데서 일어나 부활의 첫 열매가 되신 **예수님**의 셋째 날과 같은 기대감 속에서 말씀하고 계신 것이다.[4]

하나님께서는 자신의 정체성을 '여호와', 곧 '**너의 하나님**'으로 규정하셨다. 그분은 불타는 떨기나무 앞에서 "나는 스스로 있는 자"라고 소개하셨다(출 3장). 독특하게도 이 히브리어 동사는 어떤 시제로도 번역될 수 있는데, "나는 내가 되고자 하는 자가 될 것이다(I will be who I will be). 나는 내가 되고자 하는 자이다(I am who I will be). 나는 나였던 자가 될 것이다(I will be who I was)."로 표현될 수 있다.[5] 그 맥락은 분명하다. 여호와께서 이스라엘 백성의 환난을 보시고 그들의 부르짖음을 들으셨다. 그리고 노예 된 그들을 구원하셨다. '여호와'는 이스라엘이 필요로 하는 모든 것이 되시며, 이스라엘이 필요로 하는 모든 것을 행하시는 하나님이시다. 그분이 하시는 모든 것은 이스라엘을 위한 것이다. '여호와'는 자신의 백성과 언약을 맺으시고 지키시는 아브라함과 이삭과 야곱의 하나님이시며, 이스라엘의 하나님이시다. 그분은 여호와, '**당신의 하나님**thy God'이시다.

여호와께서 누구에게 말씀하고 계시는가? 그 대답은 생각보다 간단하지 않다. 이스라엘 백성이 시내 광야에 도착했을 때, 여호와께선 모세를 그분의 대언자로 지명하셨다. 열 마디의 말씀Ten Words 이후에, 모세는 주님의 말씀을 받기 위해 구름 속으로 올라간다(출 20:21-22). 그러나 모세는 하나님께서 십계명을 말씀하실 때, 아직 시내산 산기슭에 있었다(출 19:25, 20:1). 하나님께서는 먼저 모세에게 여섯 번 말씀하신 후(출 19:3, 9, 10, 20, 21, 24), 일곱 번째가 되어서야 직접 온 이스라엘 백성에게 말씀하셨는데, 그것이 바로 십계명이다(출 20:18-19 참조). 유일하게 십계명만이 애굽에서 올라온 첫 열매인 이들에게 대언자를 통하지 않고 친히 선포하신 말씀이다.

그러나 문장을 보면 문법적으로 혼란이 온다. 여호와께서 분명 온 이스라엘에게 하신 말씀인데, 정작 사용된 동사는 2인칭 남성 단수형으로 되어 있다. 흠정역성경KJV은 이것을 그대로 번역했다. "**너는** 나 외에는 다른 신들을 네게 두지 말라", "**너는** 살인하지 말라", "**너는** 도둑질하지 말라"[6] 이것은 마치 하나님께서 한 개인에게 말씀하시는 것처럼 들린다. "너 사람아, 내가 너를 노예에서 건져내었다. 너 사람아, 우상을 숭배하거나, 살인하거나, 도둑질하거나, 간음하거나, 탐내지 마라."

아마도 이러한 어법은 **모든 개인**이 반드시 순종해야 함을 의미할지도 모른다. 어쩌면 하나님은 고대 히브리인 **남자들**에게 좀 더 각별히 하신 말씀일 수도 있다. 당시에는 남자가 노동하고 집안을 다스리는 역할을 했기 때문에, 안식일을 쉬도록 할 수 있는 권한이 그들에게 있었다. 또한 히브리 남자들은 이웃의 아내를 탐내는 것이 금지되어 있었다.

무언가 다른 일이 일어나고 있는 것 같다. 질문을 던져보자. 노예가 되었던 집에서 구원받은 이들은 **누구인가**? 그들은 당연히 이스라엘 백성, 즉 여호와의 **자녀들**이다(출 4:23). 이스라엘과 여호와 간의 '가족 관계'는 애굽의 왕 바로를 향한 그분의 요구에 대한 법적 근거를 제공한다. "이스라엘은 **나의** 아들이다. 너는 내 아들을 노예로 만들 그 어떠한 권리도 없다. 내 아들을 이제 내보내라." 바로가 거절하자, 여호와께서는 협상을 중단하시고 친히 자녀들의 구원자가 되어 강한 손과 그 펴신 팔로 그들을 구해내셨다. 여호와의 공의는 분명하고 정확하다. 바로가 여호와의 장자를 붙잡아두자(여기서 여호와의 장자는 하나님의 자녀 된 이스라엘 백성이다: 역주), 여호와께서는 유월절에 애굽의 왕 바로의 장자를 취하셨다.

하나님께서 당신의 첫아들인 아담에게 첫 번째 명령을 주셨다.[7] 이제, 시내산에서 하나님은 그분의 아들, 새 아담에게 말씀하신다. 십계명은 명령임에도 그저 단순한 명령으로만 볼 수는 없다. 아버지 되신 여호와께서 자녀 된 이스라엘에게 말씀하실 때, 그분이 좋아하는 것과 싫어하는 것을 밝히셨다. 십계명은 **여호와의 인격**을 드러내는 '자기 선언'[8]이다.

잠언의 말씀처럼, 십계명은 부자간의 대화라 할 수 있다. 열 개의 이 새롭고 창조적인 말씀은 이스라엘이 그의 아버지의 모습을 닮아가도록 설계되었다.

십계명은 이스라엘의 사명에 관한 것이다. 이스라엘이 십계명에 순종할 때, 그들의 평범한 일상이 세계 열방들 가운데서 하늘 아버지의 자녀 된 자의 삶의 살아 있는 상징이 된다. 이스라엘은 시내산에서 들려오는 음성을 듣고, 아버지를 본받고 닮아가는 아담의 소명을 받아들였다.

많은 사람들이 십계명의 금지명령에 대해 불편해한다. 안식일을 기억하고 거룩히 지키라는 계명과 네 부모를 공경하라는 두 개의 계명만이 긍정어가 사용되고 대부분은 '하지 말라'는 부정어를 사용한다.[9] 하나님께서 노예였던 이스라엘을 구원하셨다고 하면서도, 사실은 또 다른 형태의 노예제도를 종용慫慂하시는 것처럼 보일 수도 있다.

성경에 따르면 토라Torah(율법)는 '자유롭게 하는 온전한 율법'The Perfect Law of Liberty: KJV(약 1:25, 2:12)이다. 부모에 대한 불효, 일 중독, 폭력, 질투, 절도, 거짓말에 지배당하는 사회는 자유로운 것이 아니다. 게다가, **완벽한** 자유란 불가능한 것이기도 하다. 하나님이 지으신 세상, 실제로 존재하는 이 세계에서 피조물들은 자유롭지 않다. 그들은 원하는 대로

할 자유나 원하는 대로 될 자유가 없다. 오직 있는 모습 그대로의 자신일 때에만 자유自由하다. 도토리는 자라서 코끼리가 될 수는 없지만, 참나무가 될 자유를 가졌다. 십계명은 이스라엘이 성장하여 있는 모습 그대로 자라서, 그의 아버지의 집에서 함께 다스리는 하나님의 자녀가 되도록 인도한다(갈 4:1–7).

이스라엘은 하나님의 음성을 직접 들을 용기가 없어서, 하나님께 모세를 통해 말씀해달라고 요청한다(출 20:18–21). 시내산에서, 하나님의 자녀된 이스라엘의 마음은 아버지의 말씀을 직접 들을 수 없을 만큼 완악했다. 그러나 이스라엘에게는 여전히 희망이 남아 있었다. 여호와께서 십계명을 따르는 아들을 곧 얻게 되실 것이기 때문이다. 아버지께서 이스라엘이 되지도 못하고 하지도 못했던 것을 모두 이룰, 영원한 아들을 이제 **반드시** 얻으실 것이다.

십계명은 하나님의 **독생자** 예수님의 인격을 담은 초상화다.[10] 십계명은 "그리스도를 본받는 길imitatio Christi"을 보여주기에, 이는 곧, "하나님을 본받는 길imitatio Dei"이기도 하다. 이스라엘 백성이 이 계명들을 지킨 것에 대하여 아우구스티누스St. Augustinus(354~430)는 이렇게 기록했다. "그 백성들의 삶은 그리스도를 예고하고 예표했다."[11] 이레나이우스St. Irenaeus(140~203)가 말한 것처럼, "**그리스도**는 시내산에서 본인이 말씀하신 법을 성취하셨다."[12] 율법은 우리의 죄를 드러내고, 소견에 옳은 대로 하지 못하게 하며, 생명의 길로 인도한다. 예수님은 십계명의 근본정신이자 영혼이시다. 율법의 첫 번째 목적은 "예수 그리스도를 드러내고자 함christological"(예수 그리스도에 대한 신학 이론: 역주)이다.

시내산 사건에서 십수 세기가 흐른 후, 하나님께서는 그분의 성령을 부어주시기 위해 세 번째 달에 강한 바람과 불로 다시 돌아오셨다. 오순절 성령강림이 이루어진 바로 그때, 성령님께서는 '돌판이 아니라 마음판에' 기록하기를 시작하셨다(고후 3:3).[13] 그리고 그분은 예수님의 영을 공유하는 자녀들의 모임인 새 이스라엘을 세우셨다. 그 성령으로 말미암아, 아버지께서 **우리 안에서** 새롭고 창조적인 그분의 열 개의 말씀을 성취하신다.

"십계명은 우리를 위한 것인가?" 이렇게 묻는 것은, "**예수님은 우리를 위한 분이신가?**"라고 묻는 것과 다를 바 없다!

I
II
III
IV
V
VI
VII
VIII
IX
X

하나님이 이 모든 말씀으로
말씀하여 이르시되

I
II
III
IV
V
VI
VII
VIII
IX
X

“두 개의 돌판”

우리는 십계명이 열 개의 계명으로 이루어진 것으로 알고 있다. 여호와께서 친히 그분의 손가락으로 두 돌판에 계명들을 새겨 넣으셨다(출 31:18, 34:1). 그런데 교회는 이 계명들을 어떻게 열 개로 구분할지에 대해 단 한 번도 합의한 적이 없다.

성경은 확실한 답을 주지 않는다. 십계명이 기록된 출애굽기 20장 1~17절[14]에는 **12개**의 부정 명령어들이 있으며, 십계명 중 하나(“네 부모를 공경하라”)는 부정 명령어가 들어 있지 않다. 십계명을 열 개의 계명으로 나누기 위해 아우구스티누스St. Augustinus는 우상(형상)을 만들지 말라는 명령과 우상숭배를 금지하는 명령을 하나의 계명으로 보았으며, 대신 탐심에 관한 계명을 두 개로 주장했다.[15]

오리게네스Origenes(185?~254?)는 반대로 우상(형상)을 만들지 말라는 명령과 우상숭배를 금지하는 명령을 두 개의 계명으로 나눴으며, 탐내지 말라는 계명을 하나의 계명으로 분류했다.[16] 루터교와 로마가톨릭교는 아우구스티누스를, 개혁교회는 오리게네스의 입장을 따른다(도표 34-35쪽 참조). 나는 동방정교회의 수정안과 더불어, "나는 네 하나님 여호와라"는 하나님의 선언을 십계명의 '서문'이 아닌 제1계명에 포함시키는 개혁교회의 입장(웨스트민스터 대요리문답 q. 101)을 따르고자 한다.[17]

우리를 더 혼란스럽게 하는 점은, 두 개의 돌판에 각각 무엇이 기록되어 있었는지 전혀 알 수 없다는 것이다. 아우구스티누스에 따르면, 아를의 케사리우스Caesarius of Arles가 첫 번째 돌판에는 세 개, 두 번째 돌판에는 일곱 개의 계명이 기록되어 있다고 주장했다고 한다.[18] 오리게네스를 비롯한 다른 사람들은 십계명을 넷과 여섯으로 분류했다. 어쩌면, 열 개의 계명이 각각 **두 돌판**에 모두 기록되었으며, 이는 여호와와 이스라엘의 언약을 이중으로 확인하는 역할을 했을지도 모른다.[19]

우리는 출애굽기 20장의 말씀을 면밀하게 살펴봄으로써 이런 논쟁 중 일부를 분류할 수 있다. 두 돌 판에 각각 무엇이 포함되어 있었든, 십계명을 **문헌적으로** 접근해 보면,

3+7이나 4+6으로 나누어지는 것이 아니라, 5+5, 즉 반반으로 나누어져 있다.[20]

처음 다섯 개의 계명에는 각각 부연 설명이 추가되어 있다. 출애굽기 20장 2절은 제1계명(3절)의 근거가 된다. 여호와께서 이스라엘 백성을 애굽에서 **인도해내셨기 때문에**, 그들은 다른 신을 섬겨서는 안 된다. 이어지는 네 개의 계명들도 설명이 곁들여 있다. 우상에게 절하지 말아야 할 것은 하나님께서 질투의 하나님이시기 때문이며, 하나님의 이름을 망령되이 부르지 말아야 할 것은 하나님께서 징벌하시기 때문이다. 안식일을 지킬 것은 여호와께서 안식일을 지키시기 때문이며, 부모를 공경할 것은 네 생명이 길 것이기 때문이다. 이와 대조적으로 제6~10계명은 별다른 설명이 없다.

'여호와'는 처음 다섯 개의 계명에 여덟 번 언급된다(출 20:2-12). 그러나 제6~10계명에선 단 한 번도 언급되지 않는다. 십계명의 후반부는 스타일이 극적으로 다르다. 히브리어 원어로 보면, 전반부 다섯 개의 계명은 145개의 단어로 되어 있으며, 후반부 다섯 개의 계명은 단 26개의 단어만 사용한다.[21] 심지어 여섯 번째, 일곱 번째, 여덟 번째 계명은 각각 겨우 두 단어로만 되어 있다(살인하지 말라, 간음하지 말라, 도둑질하지 말라).

하나님께서는 어째서 십계명을 각각 다섯 개씩 두 세트로

계명	루터교, 로마가톨릭교
첫 번째	다른 신들을 두지 말라, 형상 제작/숭배 금지
두 번째	이름을 망령되게 부르지 말라
세 번째	안식일을 기억하라
네 번째	네 부모를 공경하라
다섯 번째	살인하지 말라
여섯 번째	간음하지 말라
일곱 번째	도둑질하지 말라
여덟 번째	거짓 증거하지 말라
아홉 번째	네 이웃의 집을 탐내지 말라
열 번째	네 이웃의 아내를 탐내지 말라 등

개혁교회	동방정교회
다른 신들을 두지 말라	나는 여호와다; 다른 신들을 두지 말라
형상 제작/숭배 금지	형상 제작/숭배 금지
이름을 망령되게 부르지 말라	이름을 망령되게 부르지 말라
안식일을 기억하라	안식일을 기억하라
네 부모를 공경하라	네 부모를 공경하라
살인하지 말라	살인하지 말라
간음하지 말라	간음하지 말라
도둑질하지 말라	도둑질하지 말라
거짓 증거하지 말라	거짓 증거하지 말라
네 이웃의 집을 탐내지 말라	네 이웃의 집을 탐내지 말라

말씀하셨을까?[22]

다섯은 군사적 숫자이며(출 13:18, 전투 대형인 '대열'은 문자적으로 '다섯'이다), 십계명은 가나안을 정복하러 가는 여호와의 군대에게 주어진 것이다. 우리는 한 손에 각기 다섯 개의 손가락을 가지고 있다. 십계명은 토라Torah(율법)를 두 손에 요약한 것이다. 성경의 다른 곳들에도 5+5의 패턴이 나타난다.[23] 성전 안쪽에 있는 지성소에는 여호와의 보좌가 있는 언약궤가 있고, 거기에는 5+5의 말씀이 기록된 두 개의 판이 들어 있었다. 성소 안에는 열 개의 등잔을 양쪽에 다섯 개씩 배열하였고(왕상 7:49), 진설병을 놓을 열 개의 상을 다섯 개씩 두 줄로 놓았다(대하 4:8). 또 성전 안뜰 바깥쪽에는 열 개의 물두멍과 받침 수레를 만들어, 다섯 개씩 양쪽으로 늘어놓아 성전 문으로 들어가는 통로로 만들었다(왕상 7:27-37).

건축학적으로 성전은 말씀이 여호와의 보좌로부터 그분의 성소를 통해 세상을 향해 나아가는 움직임을 상징한다. 언약궤를 지키는 두 그룹Cherubim(천사)은 각각 황소, 사자, 독수리, 사람, 이렇게 네 개의 얼굴을 가지고 있다. 두 그룹은 두 개의 돌판과 짝을 이루는데, 이는 그룹과 같은 속성을 지닌 율법의 기능에 대한 관심을 불러일으킨다. 그룹처럼 십계명도 보좌를 수호하는 역할을 한다. 그룹의 네 얼굴은 율법의 단면을 각기 나타낸다. 토라Torah는 양식을 공급하는 타작 마당의 황소와 같고, 우리와 하나님의 대적을 산산조각 내버리는 사나운 사자와도 같다. 또한 활공하는 독수리처럼 시야를 열어주며, 천사처럼 진실한 사람으로 만든다. 토라는 선하지만, 안전한 것은 아니다. 예배 안에서 당신은, 당신을 거룩한 산 제물로 만들기 위해 찔러 쪼개고 소멸시키는 불타는 검과 같은 말씀의 영역 안에 들어가게 된다(히 4:12-13 참조).

그룹들이 지키는 보좌로부터 흘러나온 5+5의 말씀은 5+5의 등잔대로 형상화된다. 율법은 마음을 비춰주고, 듣는 이들의 공동체를 밝혀주며, 어두운 구석에 숨겨진 것을 드러내는 빛이 된다. 또한 열 개의 말씀은 우리가 떡으로만 사는 것이 아니라 아버지의 입에서 나오는 말씀으로 말미암아 살아가게 하는 열 개의 상 위에 진설된 생명의 떡이다. 십계명 안에서, 아버지되신 여호와는 이스라엘에게 빛과 생명을 주신다.

토라Torah는 성전 안에 머물러 있어선 안 된다. 5+5의 말씀이 이스라엘의 양식과 빛이 되었던 것처럼, 그것은 5+5의 물두멍과 받침 수레가 되어, 성소로부터 흘러나와 이 땅과 세상으로 흐르는 강이 된다. 여호와의 율법은 시온에서 나와 이방 사람들을 인도하고 만물을 거룩하게 하기를, 모든 민족이 칼을 녹여 쟁기로 만들고 창을 펴서 낫을 만들 때까지 할 것이다(사 2:1–4). 토라는 밖으로 흘러나가 세상을 성소와 같이 만들 것이며, 하나님의 떡과 빛으로 부요하게 할 것이다.

성경은 또한 한 쌍의 돌판처럼 짝들pairs로 가득 차 있다. 성소의 두 그룹(왕상 6:23–28)이나, 성전 문 앞의 두 기둥(왕상 7:15–22), 다양한 이야기에 등장하는 두 증인이 그것이다.[24] 그중에서도 십계명과 관련된 한 쌍은 제사장과 왕이다. 처음 다섯 계명은 예배, 우상(형상), 여호와의 이름, 안식일, 부모 공경 등 제사장으로서의 계명이고, 후반부 다섯 계명은 이 땅에서 마땅히 공적인 삶을 살아야 하는 왕으로서의 계명이다.

예수님께서는 다시 모든 율법을 한 쌍의 대계명The Great Commandment으로 압축하셨다.

> "네 마음을 다하며 목숨을 다하며 힘을 다하며 뜻을 다하여 주 너의 하나님을 사랑하고 또한 네 이웃을 네 자신 같이 사랑하라"(눅 10:27, 참조 갈 5:14).

순교자 유스티누스Justinus Martyr(103~165)[25], 이레나이우스St. Irenaeus [26], 아우구스티누스St. Augustinus [27], 그리고 다른 많은 사람들이 말한 바와 같이, 예수님의 두 계명은 십계명의 두 돌판을 요약한다. 내가 사용한 도표에서처럼, 처음 다섯 가지는 하나님에 대한 사랑을 가르치고, 나머지 후반부는 우리가 어떻게 이웃을 사랑해야 하는지에 대해 기록하고 있다.

각각의 계명은 예배, 시간 관리, 가족, 폭력, 섹스, 재물, 언어, 욕망 등 인간의 삶의 각 영역을 다룬다. 하지만 그것들은 서로 겹치고 상호 간에 뒤섞인다.[28] 각각의 계명은 다른 모든 계명을 함축한다. 제1계명에 순종하기 위해, 당신은 반드시 우상숭배를 거절하고, 하나님의 이름을 받들며, 안식일을 지키고, 부모를 공경하며, 살인, 절도, 간음, 거짓 증거, 탐욕, 탐심을 멀리해야 한다. 우리는 안식일을 지킴으로써 하나님 한 분만을 영화롭게 하고, 그 분의 이름을 영광스럽게 하며, 생명을 살리고 기업基業을 지키며, 감사와 만족을 넘치게 한다. 우상숭배는 일종의 도둑질이며, 남편 되신 하나님을 배반하는 간음이며, 살아 계신 하나님에 대하여 거짓 증거 하는 것이다. 모든 계명은 우리가 십계명 전체를 볼 수 있는 창문과 같다.

계명의 순서도 마음대로 정해진 것이 아니다. 우리가 알듯이, 안식일 준수(제4계명)는 부모를 돌보는 것(제5계명)을 내포한다. 부모에게 불효하는 것(제5계명)은 일종의 살인(제6계명)과도 같다. 살인(제6계명)과 간음(제7계명)은 다윗과 밧세바, 그리고 헷사람 우리아의 비극에서처럼 밀접하게 연결되어 있다.

이러한 이유로, 하나의 불순종에는 다른 불순종들이 들끓기 마련이다. 마르틴 루터Martin Luther(1483~1546)는 이렇게 말했다. "죄는 혼자 오는 것이 아니라, 항상 뒤에 또 다른 죄를 불러일으킨다." 정욕과 간음에는 신속하게 거짓말이 뒤따르며, "그 후에는 살인과 유혈 사태가 일어나고 마침내 절망하게 된다."[29] 한 가지를 어기면 전체를 범하는 것이다.

다시 한번 우리는 십계명이, 모든 율법을 지키시고 홀로 하나님의 아들로 살아가신 예수님을 어떻게 계시하는지 보게 된다. 그분은 하나님 아버지의 말씀이시고, 빛이시며, 떡이시고, 그분의 영은 그분의 몸 된 성전에서 흘러나와 세상에 생명을 주시는 분이시다.

I
II
III
IV
V
VI
VII
VIII
IX
X

제 1 계명

나는 너를 애굽 땅,
종 되었던 집에서 인도하여낸
네 하나님 여호와니라.

너는 나 외에는 다른 신들을 네게 두지 말라.

"너는 나 외에는 다른 신들을 네게 두지 말라"

한국을 방문했을 때, 나는 사람들로 북적이는 불교 사찰을 방문한 적이 있다. 나를 초청해 주신 분은 대학수능시험이 다가오고 있어서 어머니들이 자녀를 위해 향을 피우고 기도하는 것이라고 이야기해 주었다. 나는 한 여성이 전화를 받기 위해 핸드폰을 들고 나가는 모습을 보았다. 그리고 이내 그녀는 다시 자신의 우상(불상) 앞으로 돌아왔다.

나는 이사야서 44장을 떠올렸다. 쇠 한 덩이로 핸드폰을 만들고, 또 다른 한 덩이로 우상을 만들며 이렇게 말한다. "보라 우리의 신이라!"

우상들에게는 입과 눈과 귀와 발이 있고, 심지어 코까지 달렸지만 말하거나 보거나 듣거나 걸을 수 없으며, 냄새도

맡을 수 없다. 소름 돋게도, 시편은 이렇게 덧붙인다. "우상들을 만드는 자들과 그것을 의지하는 자들이 다 그와 같으리로다"(시 115:8). 우상숭배는 '감각 기관 기능 장애'를 낳는다.[30] 우상은 어리석으며, 우리 또한 바보로 만든다. 우상은 숭배자들을 그 우상과 마찬가지로 생명이 없는 존재로 전락轉落시킨다.

다신교를 믿었던 고대인들은 두려움 속에서 살았다. 그들의 신들은 예측할 수 없었고, 허점투성이였다. 누구도 그들을 모두 만족시킬 수는 없었다. 어디선가 홀대받은 것에 기분이 상하면 앙갚음을 해오기 일쑤였다. 출애굽기에서 여호와는 당신의 아들 이스라엘을 수많은 애굽의 우상들(수 24:14)로부터 해방시키셨고, 생명을 빼앗는 우상들에게서 되찾아오셨다. 그래서 첫 번째 계명은 부활의 생명으로 들어오라는 부르심이다.

제1계명에는 모든 계명이 스며들어있다. 이탈리아 신학자 토마스 아퀴나스Thomas Aquinas(1225?~1274)는 하나님이 인간의 삶과 사회의 최종 결말the end이 되시기에, 예배가 첫 계명이라고 말했다.[31] 마르틴 루터Martin Luther에 따르면, 첫 번째 계명은 우리를 믿음으로 초청하며, "모든 것은 제1계명의 힘으로부터 나온다."[32] 모든 죄는 우리를 자신의 것으로 창조하신 하나님에 대한 배반이며 불신앙이다.[33] 제1계명은 출애굽에 대한 간략한 요약으로 시작되는데(출 20:2), 이 한 토막의 서사가 십계명 전체의 틀이 된다. 해방된 이스라엘 백성은 이제 자유민으로 살아야 한다. 그들은 출애굽을 겪었고, 따라서 출애굽을 한 백성으로 살아야 한다.

문자 그대로, 제1계명은 일곱 개의 히브리어 단어로 이렇게 말한다. "너희는 내 앞에서 다른 신들을 섬기지 못한다."(출 20:3 표준새번역) "내 앞에서"라는 말은 '내가 있는(임재하는) 곳에서', 특히 '성소 안에 내가 임재하는 곳에서'를 의미한다. 그것은 단순히 순위(나보다 높은 신은 없다)를 말하는 것이 아니라 장소(내 주위에는 신이 없어야 한다)를 뜻한다. 므낫세가 성전에 거짓 신을 들여놓은 것은 감히 여호와의 면전面前에서 이 계명을 거역한 것이다(왕하 21:7).

물론, 이스라엘 백성이 성소 **밖에서는** 자유롭게 다른 신들을 숭배해도 된다는 것은 아니다. 여호와는 에스겔 선지자에게 이스라엘의 장로들이 그들의 마음속에 우상을 위한 신당을 세웠다고 말씀하셨다(겔 14장). 그들이 여호와의 앞에 나올 때마다, 그들의 우상도 그들과 함께 굴러들어 오는 것이다. 새 언약은 이를 더욱 심화시킨다. 예수님은 우리의 몸을 성전으로 구별하시는 그분의 영靈으로서 우리 안에 거하신다(고전 6장). 우리 마음의 우상은 므낫세만큼이나 적나라하게 하나님 앞에 있는 것이다.

아마도 여러분 중에 실제로 우상숭배를 해본 사람은 거의 없을 것이다. 여러분 중 누구도 지하실에 바알Baal이나 알라Allah의 사당을 가지고 있는 사람은 없을 것이다. 하지만 누구도 우상으로부터 자유로울 수 없다. 마르틴 루터는 제1계명이 우리에게 "무엇보다 하나님을 두려워하고 사랑하고 신뢰할 것"을 요구한다고 기록했다.[34] 주님은 우리의 재판장이자, 구원자요, 입법관이 되신다. 그분은 축복과 저주의 권세가 있으시며, 우리의 죄를 담당하시고, 신뢰할 수 있는 권위의 말씀을 주시는 분이다. 우리가 다른 재판관 앞에서 떨거나 다른 구원자를 바랄 때, 우리가 예수님 외에 다른 누군가에게 우리 죄를 의탁할 때, 우상은 우리의 마음을 차지하고 지배한다.[35]

자신에 대한 다른 사람들의 평가를 두려워해 본 적이 있는가? 아버지나 어머니가 당신을 어떻게 평가할지에 대한 걱정으로 노심초사해 본 적이 있는가? 그렇다면 당신은 당신을 향한 사람들의 평가나, 완벽주의 아버지와 비판적인 어머니를 새로운 재판관, 즉 우상으로 삼은 것이다. 이런 생각을 해본 적이 있을까? "돈이 조금만 더 있었더라면 나는 더 행복했을 텐데. 연봉이 높은 대기업에 취업하거나 30평대 신축 아파트를 빚 없이 살 수만 있다면 내 삶이 더 좋아질 텐데…" 그렇다면 당신은 가짜 구원자, 즉 재물, 성공, 벨벳velvety(아주

부드러운 모직물) 같은 편안함을 추구하고 있는 것이다.

당신은 궁지에 몰렸을 때, 다른 사람들을 비난하거나 몰아붙이고 있지는 않은가? 아내나 남편, 부모나 자녀를 희생양으로 삼아야 할 정도로 자신의 죄를 인정하는 데 어려움을 겪고 있지는 않은가? 아니면 자신의 실패나 실패라고 인식하는 것들에 대해 스스로 자책하고 있지는 않은가? 그렇다면 당신은 희생양에게 죄를 뒤집어씌우거나 자신을 싸구려 예수처럼 취급하는 우상숭배자다.

당신은 누구의 명령에 순종하고 있는가? 머릿속에 울리는 목소리가 광고나 유행가, 유튜브나 넷플릭스에서 비롯된 것들이 아닐까? 당신이 **주장하는** 주님이 아니라, 실제로 당신의 삶에 권위를 가지고 말씀하시는 **진정한** 주님은 누구인가? 만약 당신의 머릿속의 목소리가 “이것을 하라”고 하는데, 시내산의 목소리가 “하지 말라”고 한다면 당신은 어떤 소리에 귀를 기울이는가? 당신이 주님의 음성을 잠재워 버렸다면, 당신은 스스로 귀머거리가 된 것과 마찬가지다. 왜냐하면 우상이 당신의 청각을 차지해 버리기 때문이다.

우상들은 무리 짓는 것을 좋아한다. 우상숭배는 본질적으로 다신교적이다. 우상들은 당신의 마음을 사로잡기 위해 다른 우상에게서 도움을 받거나, 서로 뭉치거나, 모습을 바꾼다. 당신의 우상들은 다른 사람들의 우상에게서 힘을 얻는다. 상호의존성이 서로 간의 우상숭배를 더욱 강화한다.

어떤 남편에게 술 문제가 있는데, 그것은 우상숭배의 문제이다. 그의 마음의 성소에는 거짓 신들이 가득하다. 그는 하나님보다 소란스러운 것을 더 사랑하고, 한 잔의 위스키나 가벼운 맥주에서 한심하고 일시적인 구원을 찾는다. 그에게는 술친구들이 재판관이다. 그들에게 인정받기 위해 살기 때문이다. 궁지에 몰린 그는 창고에서 또 다른 우상을 꺼낸다. 그는 아내의 불평에 분노하여, 마치 자신이 시내산의 하나님이 된 것처럼 아내를 판단하거나, 아니면 아내를 고난의 종(인간의 죄를 대신하여 희생제물이 되신 예수님을 가리키는 표현: 역주)으로 취급하며, 그녀에게 자신의 죄를 뒤집어씌운다. 때때로 그는 후회의 눈물을 훌쩍이며, 스스로를 십자가에 못 박는다. 그러나 곧 다른 신들이 찾아와 그를 술집으로 다시 돌려보내고 이 과정을 반복하게 한다.

한편, 아내의 마음도 똑같이 우상들로 가득 차 있다. 그녀는 가족을 구원하고 모두를 지킬 수 있는 유일한 사람이기에, 순교자 역을 연기하게 된다. 그녀는 남편을 판단하고 친구들의 인정에서 위안을 찾으면서도, 다른 대안을 찾는 것 또한 두렵기에 여전히 못된 남편 곁에 계속 머무른다. 둘 다 노예인 것이다. 그들 상호 간의 우상을 부숴서 가루로 만들어 버리기 전까지는 둘 다 결코 자유해질 수 없을 것이다.

적어도 **공식적으로는**, 우리가 살아가는 사회에서 우상들을 지워버렸다고 생각할지도 모른다. 그러나 그것은 희망사항일 뿐이다. 현대 사회는 어느 시대보다도 더 많은 우상을 만들어 낸다. 맘몬Mammon이 시장을 지배한다. 우리는 더 많고 새로운 것들에 둘러싸여 편안함을 누리기 위해 살인을 행한다. "자신의 마음을 따라가라"는 의문의 여지가 없는 문화명령으로, "주께서 이같이 말씀하시되"를 대신한다. 국가는 우리의 몸과 영혼에 대한 권리를 주장하며, 국가의 제단에 애국적인 희생을 요구한다. 자유주의 질서는 하나님의 간섭으로부터 대중적인 삶을 지켜내기 위한 음모다. 우리는 마을 광장을 비워놓고, 아무것도 아닌 것을 향해 엎드린다.

그러나 우리에게는 한 분이신 하나님이시자 한 분이신 주主, 예수 그리스도께서 함께 하신다(고전 8:6). 우리가 한 분이신 하나님을 예배할 때, 우리의 마음은 하나가 되고, 우리의 열망은 집중되며, 우리의 삶은 온전해질 수 있다. 반면에 우상은 모순되고 변덕스러운 요구로 우리를 갈라놓는다. 따라서 우리는 첫 번째 계명을 지킴으로써 하나 됨과 온전함을 누린다.

모두가 자신의 우상을 숭배한다면, 그 어떤 **사회**도 화목할 수 없다. 이스라엘의 첫 번째 자유는 원하면 무엇이든 숭배할 수 있는 자유가 아니다. 제1계명을 수정헌법 제1조(미국 수정헌법 제1조는 종교, 언론 · 출판, 집회의 자유에 대한 조항이다: 역주)와 혼동해서는 안 된다. “너희는 내 앞에서 다른 신들을 섬기지 못한다”라는 계명은 우리의 사랑, 충성, 소망, 그리고 믿음을 두고 경쟁하는 공허하고 헛된 신들에 대한 독립선언이다. 궁극적인 권위 앞에 경의를 표하며 예배를 드리는 것이다. 만일 우리가 살아 계신 하나님을 경배하지 않는다면, 우리는 우리의 영혼을 집어삼킬 끔찍한 우상 앞에 절하게 될 것이다. 첫 번째 계명을 지키는 사람들만이 한 분이신 하나님의 소유된 백성이 된다.

처음부터 이스라엘 백성은 우상들을 더 좋아했다. 여호와께서 십계명을 돌판에 새기셨으나 모세는 그것을 받자마자 금송아지를 부숴버리기 위해 서둘러 산을 내려갔다. 이미 시내산에서부터 우리는 앞으로 지속될 이스라엘의 우상숭배와 성상 숭배, 신성모독과 안식일을 범하는 역사의 예고편을 보게 된다. 시내산 기슭에서부터 이미 우리는 성령님께서 친히 그분의 손가락으로 우리 마음판에 하나님의 말씀을 새겨주셔야만 한다는 사실을 깨닫게 된다. 우리는 우리 마음의 우상을 무너뜨릴 수 있는, 모세보다 더 훌륭한 중보자가 필요하다.

새 언약의 약속은 우리가 하나님의 말씀에서 해방되는 것이 아니라, 그것을 **지키기 위한** 자유를 얻는 것이다. 참된 아들이신 예수님은 아버지 하나님께 전적으로 헌신하셨다. 그분은 하나님 앞에 다른 신을 둔 적이 없으셨다. 첫 번째 계명에 대한 순종은 그분을 죽음으로 인도했지만, 그분은 삶과 죽음과 부활을 통해 우상을 완전히 이기시고, 마귀가 행한 일을 멸하셨다. 하나님께서는 예수님 안에서 자녀 된 우리에게 말씀하신다. "자녀들아 너희 자신을 지켜 우상에게서 멀리하라"(요일 5:21).

그리스도 안에서 첫 번째 계명은 단순한 금지가 아니다. 그것은 군병軍兵으로의 부르심이다.[36] 이를 통해 주님은 온갖 헛된 생각으로 가득한 이 세상을 정복하는 새로운 여호수아를 따르도록 우리를 부르신다(고후 10:5). 예수님은 세상을 심판하시며, 정사와 권세를 이기셨고, 성령으로 우리를 그분의 군대로 삼으신다. 제1계명은 그 시대의 천편일률적인 우상숭배를 거절하고 세상을 변화시킬 군대를 만들어 낸다. 첫 번째 계명은 사명에 대한 부르심이자, 하나님 앞에서 모든 우상이 사라지고, 모두 무릎을 꿇고 경배하는 날이 오리라는 **주님의 뜻**에 대한 서약이다.

I
II
III
IV
V
VI
VII
VIII
IX
X

제 2 계명

너를 위하여 새긴 우상을 만들지 말고,

또 위로 하늘에 있는 것이나,

아래로 땅에 있는 것이나,

땅 아래 물 속에 있는 것의

어떤 형상도 만들지 말며,

그것들에게 절하지 말며,

그것들을 섬기지 말라.

나 **네 하나님 여호와**는 질투하는 하나님이다.

“너를 위하여 새긴 우상을 만들지 말고”

일부 교회에서는, 기독교인들이 예수님이나 하나님의 형상을 그리거나 조각하는 것에 대하여 두 번째 계명을 위반하는 것이 아닌지, 논쟁을 계속하고 있다. 어떤 사람들은 이 계명이 예배에서 예술, 특히 재현 예술을 금한다고 믿는다. 또 다른 사람들은 이 계명이 아예 표현 예술 자체를 금지한다고 주장하기도 한다.

만약 제2계명이 형상을 **만드는 것을** 금지하는 계명이라면, 이 계명은 **모든** 형상을 금지하는 것이다. 엄밀히 따지자면, 제2계명은 “하나님의 형상을 만들지 말라”고 말하진 않는다. “하늘에 있는 것이나, 땅에 있는 것이나, 땅 아래 물속에 있는 것의 어떤 형상도 만들지 말라”고 말한다. 그 말에는 세상의 **모든 것이** 포함된다. 왜냐하면 하늘과 땅과 땅 아래에 속하지 않은 것이 없기 때문이다.

그러나 만일 이 계명이 성소에 형상을 가져다 두는 것 자체를 금하는 것이라면, 그것은 하나님의 다른 명령들과 모순이 생긴다. 여호와께서는 모세에게 "금으로 두 그룹cherubim(천사)을 만들라"(출 25:18) 하시고, "살구꽃 모양"의 등잔과 등잔대(출 25:33)를 만들고, 청색과 홍색 실로 석류를 수놓으라(출 28:33)고 말씀하셨다. 그룹은 하늘에 속한 것이며, 살구와 석류는 땅에 속한 것이다. 두 번째 계명이 표현 예술을 금지하는 것이라면, 주님은 그분의 계획을 그렇게 오랫동안 고수하지 않으셨을 것이다.

제2계명은 특정한 목적을 위해, 즉 섬기거나 그 앞에서 절을 하기 위해 형상을 만드는 것을 금지한다. 출애굽기 20장 5절에 나오는 두 동사는 예배를 나타내는 전형적인 단어다. '숭배하다'는 '자기 몸을 굽혀 엎드린' 자세를 묘사한다. 그리고 '섬기다'는 레위인과 제사장이 하는 일을 총칭한다. 고대 이교도 사제들은 그들이 믿는 신들의 형상을 만들어 섬겼다. 그들은 그 앞에 상을 차려 놓고, 깨끗이 닦았으며, 그것을 향해 절하고, 그것에게 경배했다. 여호와께서는 자신의 집에서 이런 일들을 금하셨다.

제2계명은 이러한 이교적인 제사祭祀 **행위들을** 금지한다. 여호와께서는 이스라엘이 그들의 머리로 생각하기에 옳거나 영적으로 좋은 느낌이 든다고 해서, 그들의 몸을 그들이 원하는 대로 자유롭게 사용해도 좋다고 말씀하지 않으셨다. 물론, 신체적인 행동은 마음의 의도가 구체화된 것이다. 아론의 아들이 등잔대 앞에서 빵을 집으려고 허리를 굽혔다면, 그것은 두 번째 계명을 어긴 것이 아니다. 다만 하나님은 우리가 우리의 **몸**으로 무엇을 하는지 주의를 기울여 살피신다. 좋은 의도가 나쁜 행동을 거룩하게 할 수는 없다.

고대인들 정말로 그 형상이 신이라고 생각했을까? 적어도 생각이 깊고 현명한 사람들의 대답은 '아니오No'이다. 대부분은 그 돌덩어리가 '아테나Athena(그리스 신화의 지혜의 여신)'가 아니라는 사실을 잘 안다. 청동으로 만든 동상 역시 '바알Baal'이 아니며, '아세라Asehrah'나, '라Ra'도 마찬가지다. 고대 신관들은 의식을 진행할 때, 신神의 원천에 '신속하게' 도달하기 위해 그 조각상들을 활용했다. 형상을 숭배하는 것은 곧 그 신을 숭배하는 것이었다. 그 형상이 그 신의 존재를 '표상表象'했기 때문이다.

우상에 대한 하나님의 혐오는 우리의 생각보다 더 극렬하다. 그분은 알렉산드리아의 클레멘트Clement of Alexandria(150~215)의 생각처럼, 단순히 우리가 만든 것에 권위를 부여해선 안 된다고 말씀하시는 것이 아니다.[37] 뿐만아니라, "나는 돌이나, 나무나, 청동이나, 금으로 만들어진 존재가 아니다"라고 말씀하고 계신 것도 아니다. 모두가 알다시피, 하나님은 이렇게 말씀하신다. "너희가 나와 닮은 형상에 경배하거나 경외함으로써 나를 섬기거나 영화롭게 할 수 있다고 착각하지 말라." 여호와의 제사장들이 그분을 섬기고 그분의 전殿을 돌보지만, 온 집을 가득 메우신 것은 살아 계신 하나님 자신이시며, 하나님의 영광스러운 **이름**이다(왕상 3:2, 5:3-5, 8:16-18).

개신교 개혁주의 전통에 근거해서 판단컨대, 오늘날 일부 교회들은 제2계명이 금하는 우상숭배로 인해 부패했다. 그 어떤 기독교인도 성상聖像이 성인聖人과 동일하다고 믿지 않는다. 누구도 그리스도의 성상을 그리스도라고 생각하지 않는다. 그러나 일부 기독교인들은 성상을 그리스도와 성인들의 '성체聖體'로 여긴다. 그들은 성상에 그려진 그분께 경의를 표함으로써 성상을 숭배한다. 그것이 바로 두 번째 계명에서 금지하고 있는 것이다.

위에서 나는 '성체sacrament'라는 단어를 사용했다. 기독교인들은 하나님의 임재나 세례를 위한 물이나, 성찬식의 빵과 포도주와 같은 실재적인 표징을 가지고 있다. 주님께서 성만찬의 식탁에서 우리를 만나주시겠다고 약속하셨기 때문에(고전 10:16-17), 우리는 예수님의 살과 피로 서로 연결되었다는 것을 안다. 예수님은 그림 속에서 우리를 만나주신다고 약속하신 적이 없다. 기독교인들이 초상화나 형상 속에서 예수님을 찾고자 한다면, 그들은 엉뚱한 곳에서 헤매는 것이다.

형상을 통해 하나님을 경외하는 것이 완전히 무익한 것만은 아니다. 이는 여호와의 질투를 불러일으킨다. 성경에서 질투는 버림받은 사랑으로 표현된다. 여호와께서 이스라엘을 '아들'이라 부르시지만, '질투'는 하나님과 우리의 관계에 있어서 부부夫婦라는 새로운 관점을 열어준다. 남편은 아내의 애정을 요구하고, 아내는 남편의 관심에 질투를 느끼는 것이 당연하다. 오리게네스Origenes가 언급한 것처럼, 여호와는 질투하는 신랑으로서 신부에게 간음하지 말라고 경고하신다.[38] 형상에게 절하고 경배하는 것은 영적인 간음이다.[39]

그들의 의도가 무엇이든, 여호와께서는 우상을 숭배하는 자들을 '미워'하신다(출 20:5). 아내의 프로필 사진에 말을 걸고, 껴안고, 키스하고, 매일 쳐다보면서, 정작 진짜 아내는 알아보지 못하는 남편을 상상해 보자. 그는 "나는 내 아내의 사진을 사랑함으로써 그녀를 향한 나의 사랑을 입증한다"고 말할지 모르지만, 어떤 아내도 그런 변명을 받아들이지 않을 것이다.

제2계명은 보는 것과 듣는 것, 눈과 귀의 차이를 극명하게 드러낸다. 신명기 4장에서 모세는 이스라엘 백성에게 그들이 시내산에서 어떠한 형상도 보지 못한 대신, 음성을 들었다는 사실을 상기시킨다. 여호와께서 모세에게 새로운 돌판을 다듬어(새겨) 만들라고 말씀하실 때, "새긴graven 우상"(출 34:1)과 같은 형태의 동사를 사용하셨다. 모세는 명령대로 돌판을 '새겼다grave'. 그러나 이 돌판에는 우상이 아니라 글자가 새겨져 있다. 여호와께서는 선포하시고, 명령하셨으며, 그것들을 돌판에 기록하셨다. 시내산에서 여호와는 자신을 드러내 보이지 않으셨다. 그분은 보이지 않은 채, 말씀하시는 하나님이시다. 그분이 곧 말씀이시다.

눈은 살피고 판단하는 기관이다(시 11:4). 하나님은 창조하신 세상이 보시기에 좋았다고 하셨으며(창 1:31), 하와는 선악과를 보고 판단하였고(창 3:6), 아담과 하와의 눈은 선악과를 먹은 뒤 밝아졌다(창 3:7). 우리는 보이는 것들을 근거로 어떻게 판단하고 명령하고 통제할지 정한다. 그러나 하나님은 우리의 통제 아래 계시지 않다. 우리는 그분을 판단할 수 없으나, 그분은 우리를 판단하신다.

듣는 것에서는 보는 것과는 다른 현상이 일어난다. 성경에서 듣는 것은 사실상 순종과 동일한 것이다.[40] 듣는 것은 명령을 **받는 것**이다. 경청은 우리를 판단 받는 위치에 둔다. 듣는 것은 예측할 수 없는 새로운 세상을 여는 것이기도 하다. 예를 들어, 누군가에게 처음으로 "당신을 사랑합니다"라는 말을 듣게 된다면, 그 순간 모든 문제는 하찮아 보이고 온 세상이 아름답게 느껴질 것이다.

시내산 이래로, 하나님은 자신을 나타내셨다. 말씀은 육신이 되셨고, 우리는 그분의 영광을 **보게** 되었다(요 1:14). 우리가 예수님을 본다는 것은, 하나님을 보는 것이다(요 14:9). 어떤 기독교인들은 예수님이 이 땅에 직접 오셨기에 두 번째 계명은 폐기되었고, 따라서 이제는 우리도 하나님의 형상을 숭배하는 것이 허용된다고 말한다. 그러나 다시 예수님은 승천하셨고, 더 이상 볼 수 없게 되셨다. 우리는 사도들이 보았던 것처럼 그분의 영광을 볼 수가 없다. 그분은 이제 임의로 부는 바람이며, 들을 수는 있지만 볼 수는 없는 성령으로 우리와 함께 하신다. 성령은 감각적인 형태, 즉 들을 수 있는 말이나, 만질 수 있는 물이나, 먹을 수 있는 음식이나 음료와 같은 형태로 우리를 찾아오신다. 언젠가 우리는 예수님을 대면해서 보게 될 것이다. 그러나 아직은 아니다. 눈으로 살아간다는 것은 시간을 앞질러 가는 것이다. 본다는 것에는 종말의 의미가 내재되어 있다. 예수님의 성육신 이후로, 그분이 **다시 오실 때까지**, 우리는 **여전히** 귀로 살아간다(고후 5:7).

21세기는 웅장한 시대다.[41] 벽면의 모든 공간이 깜박이는 스크린으로 가득 차 있다. 광고는 행복한 인생을 꿈꾸는 우리를 유혹한다. 인터넷 사진 한 장이 몇 주간 지속되는 치열한 논쟁을 촉발하고, 지도자들은 권력이나 그와 비슷한 것들을 이미지화하여 지도력을 발휘한다. 서로에 대한 우리의 관계는 더 이상 직접적인 접촉을 통해 연결되는 것이 아니라, 스크린을 통해 연결되는 추상적인 것이 되었다. 우리는 기술적인 기적을 창출해내고, 그것을 도구라고 부르면서도, SNS와 문자 알람이 울릴 때마다 파블로프의 개처럼 헐떡이며 그것들의 요구에 따라 우리의 삶을 조정한다. 진짜 책임은 누구에게 있는 것인가? 두 번째 계명은 두려워하고, 의지하고, 숭배함으로, 화려하고 멋지게 살고자 하는 유혹을 물리치도록 명령하고 있다. 신실하게 살아가려면, 우리는 반드시 하나님의 말씀에 **귀를** 기울여야 한다.

어떤 사람들은 제2계명을 성경을 비판하는 데 사용한다. 성경은 하나님을 왕, 주[主], 남편, 목자, 일꾼, 친구와 같은 인간적인 언어로 묘사한다. 때로는 바위나 태양, 금속과 같은 무생물에 비유하기도 한다. 일부 학자들은 우리가 형상을 조각하거나 그리는 것이 금지되어 있다면, 이미지를 형상화하는 성경의 표현들도 거부해야 한다고 주장한다.[42]

그러나 이는 성경이 우상숭배에 대응하는 매우 중요한 대안임을 놓쳐버린 것이다. 하나님께서 새겨 만든 형상을 숭배하지 못하도록 금지하신 이유는, 이미 그분의 형상을 만들어

놓으셨기 때문이다. 창조 이야기(창 1장)는 성전을 건축하는 것과 비슷하다. 고대 신전 건축가는 건물의 뼈대를 세우고, 그것을 도구와 비품들로 채운 다음, 마지막으로 신의 임재와 그곳에 대한 신의 통치를 나타내는 형상을 신전 내부에 배치했다. 바로 그렇게, 여호와께서는 세상을 세 구역으로 나눈 다음, 그것을 식물과, 천체, 물고기와 새들, 땅의 동물들로 채우셨다. 3층으로 된 세계는 우주적 신전이며, 모든 생물은 우주적 예배에 참여하도록 설계되었다.

모든 것이 제자리를 찾았을 때, 여호와께서는 깊이 생각하셨다. "우리의 형상을 따라 우리의 모양대로 우리가 사람을 만들자"(창 1:26-28). 여호와께서는 토기장이와 같이 땅의 흙으로 아담을 지으시고, 생기를 그의 코에 불어 넣으셨다(창 2:7). 고대 신전의 형상들처럼, 아담과 하와는 창조주의 임재와 '주되심Lordship'의 매개체가 된다. 그들이 땅을 정복하고 땅에 충만함으로써, 그들은 여호와 하나님과 온 세상에 대한 그분의 통치를 상징하게 된다. 우리는 하나님의 형상들이다. 우리가 다른 우상들을 숭배한다는 것은 그저 하나님의 영광을 피조물의 영광으로 바꾸는 것만으로 끝나지 않는다. 그것은 우리 스스로 우리의 영광을 포기해 버리는 것이기도 하다. 그렇게 되면, 우리는 우리를 향하신 부르심으로부터 멀어져 진정한 소명을 잃어버린다.

우상숭배는 불의와 압제를 불러일으키며 무고한 피를 흘리게 한다. 우상숭배는 의식이 없는 나무나 돌이나 금속으로 **살아 있는** 형상을 대신하는 것이기 때문에, **본질적으로** 비인격적이다. 우리가 예수님의 두 번째 큰 계명을 지킬 때, 우리가 우리의 형제자매 안에 있는 하나님의 형상을 영화롭게 대할 때, 우리가 우리의 이웃들을 사랑하고 섬김으로써 하나님을 사랑하고 섬길 때, 우리가 구제함으로 희생을 드릴 때, 선을 행하고, 나누고, 환대를 베풀 때, 이것이 하나님의 제2계명을 지키는 것이 된다.

질투심에 불타는 여호와께서는 우상숭배자들을 삼사 대까지 저주하겠다고 위협하신다. 비록 제2계명에만 붙어있기는 하지만, 이 말씀이 "모든 계명과 관련이 있다"는 마르틴 루터Martin Luther의 말은 하나님을 함부로 대하지 말아야 한다는 사실을 상기시켜주는 차원에서 분명히 옳다. 하나님은 "사람들이 그분에게서 돌아선다면, 그것을 되갚아 주지 않은 채로 그냥 두지 않으실 것이다." 루터는 이 부록이 십계명의 끝 지점을 시작 지점으로 연결하는 원형 꽃장식의 링과 같다고 말했다.[43]

무서운 경고의 말씀이지만, 우리는 그 가운데서도 절대로 하나님의 자비를 놓쳐서는 안 된다. 분열왕국 시대 초기에 북이스라엘의 여로보암 1세는 제2계명을 어기고 금송아지를 세웠다(왕상 12:26-30). 이스라엘의 모든 왕들이 여로보암의 죄를 따라갔지만, 여호와께서는 각각의 왕조를 삼사 대마다 가로막으셨다. 그분은 우상숭배의 전례가 영원히 계속되도록 내버려 두지 않으셨다.

게다가, 여호와께서는 죄인의 심판자 역할만 하시는 것이 아니다. 그분은 또한 자신을 사랑하고 순종하는 사람들에게 신실한 사랑을 보여주시는 분이시다. 그분의 사랑은 심판보다 훨씬 더 오래 지속된다. 그분의 저주는 삼사 대까지지만, 은혜는 천 대까지 베풀어 주신다.

I
II
III
IV
V
VI
VII
VIII
IX
X

제 3 계명

너는 네 하나님 여호와의 이름을 망령되게 부르지 말라.

여호와는 그의 이름을 망령되게 부르는 자를 죄 없다 하지 아니하리라.

I
II
III
IV
V
VI
VII
VIII
IX
X

“너는 네 하나님 여호와의 이름을 망령되게 부르지 말라”

이름이란 무엇인가? 이름은 식별하기 위해 붙여 놓은 라벨과 같은 것이다. “이쪽은 알렉스, 그리고 이쪽은 알렉스 주니어, 이쪽은 나탈리, 저쪽은 피터야!” 이렇게 이름은 서로를 부를 수 있게 해 준다. 길 건너편에 있는 친구를 보면, 당신은 상대방이 자신을 알아보도록 그 사람의 이름을 외친다. 새로이 알게 된 사람에게 당신의 이름을 밝힌다는 것은 상대방에게 당신을 호출할 수 있는 권한을 부여한다는 것이다. 이제 그는 길 건너편에서 당신에게 언제든 전화를 걸 수 있다.

이름은 자기 자신을 나타낸다. 내가 ‘레이하트’라고 소개하면, 많은 사람들이 내가 독일 혈통이라는 것을 알아차린다. 어머니는 내 이름을 20세기 미국 상원의 장로교 원목이었던 피터 마샬의 이름을 따서 지었다. 내 이름은 나의 가족사와 개인사를 요약한 것이다. 별명은 성격을 드러낸다. '뚱보'는 비만을, '책벌레'는 책을 많이 읽는 것을, '용수철 다리'는 덩크슛을 할 수 있다는 것을 뜻한다.

고대 세계는 신들로 가득 차 있었다. 당시의 사람들에게는 "당신은 하나님을 믿으십니까?"가 아니라 "당신은 어떤 신을 믿으십니까?"라고 물어야 했을 것이다. 여호와라는 이름은 이스라엘의 하나님을 다른 신들과 구별해 주었다. 여호와는 '일반적인 신'이 아니다. 그분은 '이스라엘의 하나님이신 여호와'이셨다.[44] 여호와께선 그분의 이름을 드러내심으로써 이스라엘에게 자신을 부를 수 있는 권세를 주셨다. 자녀 된 이스라엘이 하늘을 향해 "여호와여 들으소서!"라고 부르짖으면, 아버지 되신 여호와께서 응답하셨다.

사람의 이름처럼 여호와의 이름도 알려져야 하며, 이는 자신을 드러내는 행위이다. 오리게네스Origenes가 말했듯이, 하나님의 이름은 곧 '하나님의 인격적 성품'을 나타낸다.[45] 산 위에서, 하나님께서는 스스로를 이렇게 표현하신다. "주, 나 주는 자비롭고 은혜로우며, 노하기를 더디하고, 한결같은 사랑과 진실이 풍성한 하나님이다. … 그러나 나는 죄를 벌하지 않은 채 그냥 넘기지는 아니한다"(출 34:6-7 표준새번역).

여호와는 긍휼과 정의의 하나님이시며, 우리가 영원히 그분을 거역하도록 내버려 두지 않으시는 하나님이시다. 사람의 이름들처럼, '여호와' 또한 역사의 축소판이다. 불타는 떨기나무에서 여호와께선 자신의 이름을 아브라함과 이삭과 야곱의 하나님이자, 조상들과 언약을 맺고 이제 그 언약을 지키러 온 하나님이라 칭하셨다.[46] 십계명은 이렇게 시작된다. "나는 너를 애굽 땅, 종 되었던 집에서 인도하여 낸 네 하나님 여호와니라"(출 20:2).

인간과는 달리, 여호와께서는 **스스로** 자기 신원을 밝히시고 이름을 짓는다. 모세가 하나님께 여쭈었다. "이스라엘이 나를 보낸 자가 누구냐고 물으면 뭐라고 그들에게 말하리이까?"(출 3:13-14). 여호와께서는 모세가 추측하도록 내버려 두시지 않고, 그가 생각하지 못했던 방법으로 자기 이름을 공개하셨다. 이와 대조적으로, 우리에게는 이름이 **주어진다**. 성姓은 우리 부모에게서, 부모는 또 그들의 부모에게서, 그리고 다시 반복해서 처음 그 이름을 부여한 누군가로까지 거슬러 올라간다. 우리는 누군가로부터 이름과 신분을 선물로 **받는다**. 스스로 자신의 이름을 가지신 여호와께서는 그 이름을 이스라엘에게 나누어 주셨다. 십계명에서는 이스라엘을 여호와께 속량贖良하신 아들로 언급한다(출 4:23). 이처럼 세 번째 계명은 가족 관계를 가정한다. 아들로서 이스라엘은 여호와의 성姓을 물려 받았다.

제3계명은 일반적으로 "주 너의 하나님의 이름을 망령되게 부르지 말라"로 번역되며, 여기서 '부르다'는 '말하다'로 이해된다. 많은 기독교인들은 세 번째 계명이 저주나 맹세를 금하는 것으로 생각한다. 사실, 제3계명은 우리에게 진리를 말하도록 요구하는 것이다(출 23:13, 신 6:13).[47] 우리가 하나님의 이름으로 맹세한다는 것은, 하나님을 우리가 말하는 것에 대한 증인으로서 부르는 것이다. 맹세는 스스로를 저주하는 것이다. 종종 맹세할 때, 우리는 다음과 같이 다짐한다. "만약 내 말이 진실이 아니라면, 주께서 나에게 저주를 내리실 것이다." 우리가 하나님을 거짓 진술에 대한 증인으로 삼을 때, 이는 주님의 이름을 함부로 부르는 것이 된다. 우리가 하나님의 심판을 진정으로 두려워하지 않고 저주를 선언할 때, 그것은 주님의 이름을 가볍게 여기는 것이 된다. 주님은 우리가 마치 주님께서 상관하지 않으실 것처럼 말하는 것을 금지하셨다.[48] 우리는 우리가 하는 모든 말마다 심판을 받게 될 것이다(마 12:36).

그러나, 실제로 이 계명에 사용된 히브리어 동사는 '부르다'나 '말하다'가 아니라 '들다', '나르다', 또는 '지니다'를 의미한다. 우리가 맹세할 때, 우리는 하나님의 이름을 우리 혀에 지니는 것이지만, 또한 머리, 손, 그리고 발에도 그 이름이 각인된다. 우리가 무관심과 불순종으로 예배를 드리거나(출 20:22–26), 무분별한 성관계를 갖거나(암 2:7), 도둑질(레 6:2–5)을 했을 때, 우리는 하나님의 이름을 가볍게 여기는 것이다.[49] 말을 하든 침묵을 하든, 능동적이든 수동적이든, 우리는 우리가 하는 **모든** 일에서 **항상** 하나님의 이름을 짊어진다.[50] 우리의 모든 죄는 우리와 이름을 공유하시는 주님의 거룩한 이름을 범하는 것이다. 이름의 무게가 느껴지는가? 아니면 쓸데없는 허풍처럼 들리는가? 세 번째 계명을 단순히 맹세를 금하는 명령으로만 간주하는 것은, 이 계명을 그저 사회질서를 유지하는 메커니즘으로 전락시키는 것이다.[51] 그렇게 하면, 하나님의 이름을 명예롭게 하라는 핵심요소를 놓치게 된다. 우리가 하나님의 이름을 정말로 소중하게 여긴다면, 현재의 사회적 풍조에 대해 불편함을 느끼게 될 것이다.

새 언약에서, 우리는 아버지와 아들과 성령의 이름으로 세례를 받음으로써 하나님의 이름을 지니게 되었다. 선물로 받은 그 이름과 함께 우리는 새로운 정체성, 새로운 역사를 가지게 되었으며, 새로운 가족의 일원이 되었다. 매주 주일, 목회자가 축복을 선언할 때, 이 이름은 다시 갱신되어 우리에게 주어진다. 아론은 하나님의 이름으로 축복함으로써 백성들에게 여호와의 이름을 붙여주었다(민 6:24–26). 집례자가 삼위일체의 이름으로 축복을 선언할 때, 성도들은 다시 그들의 세례명을 떠올리게 되며, 그 이름을 가지고 세상으로 나가는 사명을 다시 **짊어지게** 된다. 제3계명은 앞선 두 계명과 같이, 사명을 위한 부르심이다.

이스라엘 역사의 각 시대는 십계명의 처음 세 가지 계명에 해당하는 특징적인 죄들로 점철되어 있다. 사사士師 시대에 이스라엘은 이방 나라들의 신들을 섬기고 싶은 유혹을 받았는데, 이는 제1계명을 거스르는 죄였다. 왕정 시대 때 이스라엘은 높은 곳에서 금송아지를 만들어 여호와를 섬김으로써 제2계명도 깨뜨렸다.

포로기에 이스라엘은 이방인들 사이에 흩어져 있었다. 그들은 더 이상 이방 신들을 섬기거나 금송아지를 만들지 않았다. 그들은 열방 가운데 그 이름을 지니도록 부르심을 받았으며, 타협과 위선의 유혹을 받았다. 예수님 당시에 이스라엘은 실패한 것이 분명했다. 유대 지도자들은 자신이 아브라함의 자손이라고 주장했지만, 예수님이 말씀하신 것처럼 많은 사람들이 마귀의 자녀가 되어 있었다(요 8:44). 예수님은 바리새인들과 서기관들을 의를 행하는 척하는 '위선자'라고 책망하셨다. 그들은 단정하게 행하지도 않았고, 그들이 받은 이름에 걸맞은 생활을 하지도 않았다(마 23장). 이스라엘이 그 이름을 가볍게 여겼기 때문에, 하나님의 이름은 이방인들 중에서 '모독'을 받았다(롬 2:24). 그들은 이방인들에게 찬양 대신 신성모독을 싹트게 했다.

'이름'은 삼위일체 중 두 번째 위격位格인 성자의 칭호다. 성자가 곧 성부 하나님의 호칭이다. 성부 하나님은 그분께 아들이 있음으로 인하여 성부가 되신다. 그분의 명성은 아들과 결부되어 있으며, 그분은 아들 안에서 자신을 드러내신다. 옛 언약의 시대에는 그 이름을 성전 안에 두고 그분의 임재로 성전을 거룩하게 하셨다. 그 이름이 성전에 거하셨기 때문에, 이스라엘은 그곳을 정결하게 해야만 했다. 죄는 깨끗이 씻어내야만 했고, 제사장들은 제사 주기와, 등잔대 위에 등불 관리, 상 위에 진설병 교체하는 규례를 잘 지켜야만 했다. 만약 이스라엘 백성과 제사장들이 성전을 거룩하게 잘 유지하지 못하면, 그것은 성전이 더럽혀진 것이고 하나님의 이름이 모독을 받은 것이 된다.

살아 있는 이름으로써, 예수님은 하나님 아버지의 이름의 무게를 감당하시기를, 그 이름이 그분을 짓누르고, 이름 없는 자로 만들어 버리기까지 온전히 감당하셨다(하나님의 이름이신 예수님을 이름 없는 자로 만든다는 것은 예수님께서 하나님의 이름을 위해 자기 생명을 내어주신 것을 의미함: 역주). 그분은 우리의 무관심과 위선을 십자가에 이르기까지 참으셨으며, 그로 인해, 아버지께서는 그분을 지극히 높여,

모든 이름 위에 뛰어난 이름을 주사, 모든 무릎을 예수의 이름 앞에 꿇게 하셨다. 살아 있는 이름이신 예수님의 침묵으로 인하여, 언젠가 모든 입이 그분의 이름을 시인하게 될 것이다.[52] 독일의 라바누스 마우루스Rabanus Maurus(780~856)와 다른 사람들이 보았듯이, 제3계명을 거스르는 가장 큰 죄는 예수의 이름을 부인하는 것이다.[53]

이스라엘 자손들은 저마다 그 이름을 부르는 처소였기 때문에, 각자 자기 몸의 성전을 정결하게 지켜야만 했다. 새 언약에서도 역시, 우리는 삼위일체의 이름으로 불리기에, 우리 안에는 우리를 거룩한 처소로 삼으시고 깨끗하게 하시는 성령님께서 거하신다. 하나님은 그분의 이름과 명성을 우리와 묶어 놓으셨다. 그분의 이름이 찬양을 받을지 모욕을 당할지는, 우리가 그 이름에 걸맞은 무게를 감당하고 있는지의 여부에 달려 있다. 세상에서 살아 계신 하나님의 이름의 무게를 짊어진다는 것은 무거운 책임을 감당하는 것이다.

I
II
III
IV
V
VI
VII
VIII
IX
X

제 4 계명

안식일을 기억하여 거룩하게 지키라.

엿새 동안은
힘써 네 모든 일을 행할 것이나,
일곱째 날은
네 하나님 여호와의 안식일이다.

“안식일을 기억하여 거룩하게 지키라”

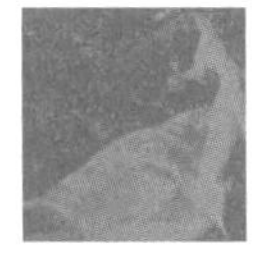

십계명의 대부분은 부정 명령문이다. 하지 말라, 하지 말라, 하지 말라. 금지된 행동들은 조각가가 대리석 속에 숨어 있는, **생각하는 사람**(로댕의 생각하는 사람: 역주)의 형상을 드러내기 위해 쪼아낸 불필요한 돌덩어리들과 같다. 그 중심에는 ‘안식일을 기억하라’와 ‘네 부모를 공경하라’는 두 가지 긍정 명령이 있다. 우상숭배와 위선이 제거되고, 폭력과 간음과 도적질과 거짓이 깨끗이 깎여나가서야 비로소 **이것들만** 남는다. **이것은** 진흙을 씻겨내고 나서야 우리가 발견하게 되는 보석이며, 새로운 창조를 위한 ‘하지 말라’는 명령의 중심에 있는 아름다움이다. **이것이** 하나님의 자녀가 아버지 앞에서 살아가야 하는 삶이다. 즉, 이스라엘은 그분의 자녀들과 함께 ‘축제 그

자체'이신 하나님 안에서 즐기는 것이다.[54]

안식일 계명은 아마도 가장 많이 반복되고, 가장 확장된, 그리고 가장 논란이 많은 계명이다(출 31:12-17, 35:1-3).[55] 안식일은 다른 절기들에 대한 지침에도 등장하며(출 12:16, 레 16:31), 레위기 23장의 절기력節氣曆 또한 안식일과 안식년을 중심으로 구성되어 있다. 6+1의 패턴은 노예제도와 노예해방(출 21:1-11), 그리고 토지관리(출 23:10-13)까지로 확장된다. 이스라엘은 반세기마다 큰 안식일인 희년을 기념했다(레 25장). 안식일은 여호와와 그분의 백성 사이에 대대로 맺은 영원한 언약(출 31:16)의 '표징'이었다(출 31:13, 17).

바울은 그리스도 안에서 성취된, 옛 언약의 규례들 가운데 안식일을 포함시켰다(골 2:16). 아우구스티누스Augustinus[56]와 아를의 케사리우스Caesarius of Arles[57] 등 대부분의 신학자들은 이스라엘의 안식일을 그리스도인들의 영적인 안식의 한 유형으로 간주했으며, 아우구스티누스[58]와 비드Bede(673?~735)[59]는 또한 안식일을 영원한 안식에 대한 예표로도 보았다. 이들은 이 계명이 단순히 일하지 말라는 것 이상을 요구한다고 받아들이는 것이 옳다고 주장했다. 그리스도인들은 그리스도의 안식일을 계속해서 살고 있다.[60]

그러나 대부분의 그리스도인들은 계속해서 제4계명과 실질적인 관련이 있는 것으로 보인다. 일찍이 교회는 부활 후

첫째 날(여덟 번째 날)에 모이기 시작했다. 일부 기독교 전통에서는 하루종일 휴식을 취했으며, 예배 일정을 위해 지혜롭게 노동과 휴식의 균형이 필요함을 인정했다. 우리가 너무 성급하게 안식일을 영적인 것으로 치부해 버리면, 안식일에 대한 이해의 폭이 좁아져 버린다. 제4계명은 우리에게 어떻게 **살아야** 하는지, 무엇을 하고 무엇을 하지 말아야 하는지 가르쳐준다.

제4계명은 이렇게 시작한다. "안식일을 기억하라." '기억'은 안식일의 증거가 되는 표지標識와 연결되어 있다. 성경의 첫 번째 '증거'는 무지개이다. **여호와께서** 무지개를 보실 때, 그분은 '기억'하시고 언약을 지키신다(창 9:12-17). 마찬가지로, 이스라엘도 안식일을 기억하는 것만으로 안식일을 지키는 것은 아니다. 이스라엘 백성은 창조를 기념하기 위해 무엇인가를 함(즉, 아무것도 하지 않음을 함)으로써, 마지막 안식일에 창조를 완성하신 여호와를 '기억'한다.

이스라엘은 그날을 쉼(안식함)을 통해 기념한다. 일은 선한 것이다. 세상에 대한 인간의 통치는 선한 것이다. 그러나 하나님께서는 우리가 우리의 일을 '멈춤'으로써 그분이 주主이심을 인정하고,[61] 이 세상에 대한 우리의 권위가 **위임받은** 권위임을 공적으로 시인하게 하신다.[62] 안식일은 삶의 소음을 멈추게 한다. 이 고요함은 하나님의 말씀에 우리의 귀를 기울이게 하는 정적이다.

안식일의 이러한 차원은 안식일 준수의 첫 번째 사례에서 강조되어 나타난다(출 16장). 이스라엘 백성은 엿새 동안은 만나를 거두지만, 일곱째 날에는 하나님의 공급하심을 믿고 거두지 않는다. 이스라엘이 가나안 땅에 입성하면서 동시에 만나는 멈췄지만, 이스라엘 백성은 여전히 안식일을 준수했다. 땅에서 나는 양식은 하늘의 양식과 마찬가지로, 노동의 산물이기 이전에 하나님의 선물이다. 안식일은 매주 인간의 한계와 하나님의 관대함을 고백하게 하는 역할을 한다. 안식일은 피조물인 우리 존재의 본질이며, 정체성 중에 하나다.

안식일에 이스라엘의 거룩함은 먼저 하나님의 거룩하심에 달려 있다(출 20:11). 그러나 "거룩하게 지키라"는 명령에서 사용된 동사는 '성스럽게 하다' 또는 '거룩하게 **만들다**'를 의미한다. 그래서 이스라엘은 이미 거룩한 날을 단지 거룩하게 유지하는 것으로 그치지 않는다. 안식하는 날을 **거룩하게** 구별하는 일 조차도 안식해(멈추어) 버린다.

우리는 거룩한 공간을 분석함으로써, 거룩한 시간의 개념을 명확하게 할 수 있다. 거룩한 공간은 하나님께서 영광 가운데 임재하여 주관하시는 공간이다(출 29:43 참조). 그 공간과 관련된 모든 것(사람, 제단, 등잔대, 칼, 포크, 가위 등 무엇이든)은 그분의 것이다. 거룩한 물건들은 반드시 하나님의 목적을 위해서만 사용되어야 한다. 거룩하게 구별된 포크는 바비큐를 위해 쓸 수 없다. 심지어 제사장이라도 거룩하게 구별된 향을 가져다 자기 집에 뿌릴 수는 없다.

거룩한 시간은 하나님이 주관하시는 시간이다. 안식일은 성막이 하나님의 공간인 것처럼 **하나님의** 날이다. 이스라엘 백성에게 안식일은 **주님의** 시간이다. 만약 그들이 여호와의 시간을 자신들의 계획을 위해 사용한다면, 그들은 신성모독을 저지르고 거룩한 경계선을 침범하는 것이다. 우리는 항상 주님의 시간을 살고 있지만, 안식일은 그것을 진리로 정해놓고 매주 습관적으로 지키는 것이다.

이스라엘은 예배로 그날을 거룩하게 구별한다. 제사장들은 성소에서 상번제와는 별도로 안식일 번제를 드렸고(민 28장), 이스라엘 전역에서는 사람들이 '시나고그synagogues(회당)'에 모여, 토라Torah(율법)를 공부하고 찬양과 기도를 드렸다. 이스라엘은 안식일을 지키시는 하나님의 임재 안에 모여서 그날을 거룩하게 구별했다(레 23:3).

또한 이스라엘은 여호와의 **선물**인 안식을 모방함으로써 여호와를 따라했다. 여호와께서는 쉴 틈 없는 노예의 삶에서 이스라엘을 구원하셨다. 그래서 이스라엘 백성도 자신들의 노예들에게 휴식을 준다. 출애굽기 20장 10절의 대부분은 안식을 **허락받은** 일곱 가지 범주의 사람들의 목록이다. 그 아버지에 그 아들처럼, 이스라엘 자손들은 각자 휴식을 취하고, 또한 각자에게 휴식을 준다.

안식일은 고대 세계에서 유례가 없는 것이었다.[63] 안식은 일곱 번째 날로부터 퍼져나가 이스라엘 백성의 삶의 구석구석을 채운다. 종이 된 자들은 6년 동안 일하고 7년째가 되면 풀려난다. 영구적인 채무관계를 허용하지 않는다.[64] 토지는 50년(7번의 안식년 + 1년) 동안 매매할 수 있지만, 희년(레 25장)이 되면 원래 주인에게로 돌아간다. 주님은 레위기 23장에 나오는 절기력의 중심에서 이스라엘에게 궁핍한 자들을 돌볼 것을 일깨워주신다(레 23:22). 토라Torah는 안식일의 삶의 방식인 정의, 자비, 그리고 신실함으로 이스라엘을 부른다(사 58장). 이것으로, 예수님께서 결코 안식일을 범하거나 반대하신 것이 아님이 명확해졌다. 오히려 예수님은 고통받는 자들을 구원하심으로 안식일을 **지키셨다**. 구덩이에 빠진 소를 끌어 올리는 것이 안식일의 규정에서 예외가 아니다(눅 14:5). 고통받는 소에게 안식을 주어, 안식일을 **성취하는** 것이다.

이러한 이유로, 전前 교황 베네딕토 16세였던 요제프 라칭거Joseph Ratzinger(1927~)는 안식일을 "모든 사회 입법의 심장"이라 불렀다. 이는 "지배로부터 자유로운 사회, 다가올 그 세상을 미리 맛보는 것", 그리고 "하나님의 모든 자녀의 자유와 피조물이 근심에서 해방될 것"을 예표한다.[65] 우리 사회에서 여가Leisure는 부자들의 전유물인데 반해, 가난한 사람들은 생계를 유지하기 위해 여러 가지 일을 해야만 한다.[66] 안식일은 휴식을 평등하게 재분배한다. 안식일은 노예를 기계가 아닌 사람으로 대하며, 24시간 동안 7일 내내 자기 시간을 생산에 쏟아 넣을 계획으로부터 보호함으로써 맘몬Mammon의 통치에 저항한다. 스텐리 하우어워스Stanley Hauerwas(1940~)와 윌리엄 윌리먼William Willimon(1946~)이 말했듯이, 안식일은 반문화적이다. 매주마다 하루, 그리스도인들은 출근하기를 딱 잘라 거부한다.[67]

안식일에 대한 사회학은 안식일 신학에 기반을 두고 있다. 안식일은 여호와께서 천지창조를 마치시고 즐거워하신 기쁨의 날이다.[68] 이것은 사회적으로 혁명적인 날이다. 이날은 **주님의 날**이며, 지상의 시간이 하늘의 리듬에 맞춰 열린 거룩한 예배의 날이기 때문이다. 종들과 동물들을 포함해, 모든 이스라엘 백성은 하나님의 안식을 따라서 안식했다. 우리는 그 반대도 상상해 볼 수 있는데, 예를 들어 안식일이 **여호와께서 쉬시는 날**이기 때문에 오히려 인간은 **쉬지 못하게 되는** 경우이다. 고대 신화에서, 신들은 신성한 여가 활동을 즐기기 위해, 자신들을 섬겨줄 일꾼으로 인간을 만들었다. 이와는 대조적으로, 안식일은 하나님의 일과 인간의 일 사이의 유사성을 전제한다. 창조주 자신이 장인匠人이자 육체노동을 하는 노동자가 되셨다. 따라서 안식일은 신의 안식과 인간의 안식의 비슷함을 강조한다.

'유사함'과 '모방'으로는 표현이 너무 부족하다. 멈춤을 통해, 자녀 된 이스라엘은 아버지의 안식에 참여한다. 이스라엘에게 있어서 이것은 순전한 선물이다. 여호와께서는 일을 마치셨기 때문에 일을 멈추셨다(창 2:1-4). 그러나 이스라엘은 아직 마치지 **못했고**, 우리도 마찬가지다. 우리는 휴식 후에 다시 일터로 돌아가야 하지만, 일을 끝낸 안식일의 만족감을 가지고 다시 일하게 된다. 우리는 안식일을 지킴으로써, 주님께서 그분의 일을 마치게 하시고 **우리에게도** 마무리할 기회를 주실 것이라는 믿음을 고백한다. 안식일을 지킴으로써, 우리는 일이 끝나기 훨씬 전부터 **이미** 일을 끝낸 신성한 기쁨을 미리 맛보게 된다. 우리는 지금 토마스 아퀴나스Tomas Aquinas(1225~1274)가 "모든 장래의 축복"이라고 부른 것을 경험하는 중이다.[69] 주님은 아버지와 아들처럼, 우리도 그분의 안식에 함께할 수 있도록, 멈춤의 날을 우리에게 열어 주셔서 **참여하게** 하셨다.

여호와의 안식은 왕들의 것이다. 자칭 신이자 전사였던 바로Pharaoh는 전투 후에 승리를 즐기기 위해 포도를 짓이겨 한 잔의 와인을 만들었다. 왕이신 여호와께서는 바로의 집에서 죽음의 종살이를 하던 이스라엘을 구원하셔서, 시내산의 안식일로 인도하셨다. 그래서 안식일의 신학은 안식일의 사회학으로 다시 거슬러 올라간다. 여호와께서 안식일을 이스라엘과 오늘날의 우리에게까지 확장하심으로써, 그분의 자녀를 왕으로 세우신다. 우리는 일을 하지만, 일의 노예는 아니다. 우리는 지금 하늘의 보좌에 앉아(엡 2:6), 예수님과 함께 만물을 다스린다. 우리는 안식일의 영광 가운데 왕좌에 앉아서 이스라엘과 함께 아버지의 안식에 참여하고 있다.[70]

I
II
III
IV
V
VI
VII
VIII
IX
X

제 5 계명

네 부모를 공경하라.

그리하면
네 하나님 여호와가
네게 준 땅에서
네 생명이 길리라.

“네 부모를 공경하라”

다섯 번째 계명인 “네 부모를 공경하라”는 말씀은 듣는 순간 숨이 턱 막힐 정도로 보수적인 느낌을 준다. 이런 말씀은 뒤죽박죽인 우리 시대와는 문화적으로 상충되기까지 한다.

후기 근대 사회를 거쳐 온 우리는 1960년대의 반권위주의 슬로건인 ‘질문할 권리’를 가정에 제일 먼저 적용했다. 당신이 그 문턱을 넘을 때까지는 “서른이 넘은 사람은 믿지 말라”(기성세대의 권위를 무턱대고 신뢰해서는 안 된다는 의미: 역주). 성경은 부모의 권위를 절대적인 것으로 여기진 않는다. 어떤 상황에서는 부모도 반항이나 불순종을 겪어야만 한다.[71] 그러나 성경에서 권위는 선한 것이며, 부모의 권위는 모든 권위의 원형이다.

우리는 평등을 추구한다. 그래서 우리 자신이 우월하다는 생각이 때론 불편하게 하기 때문에 우월성을 인정하지 않으려 한다. 이와는 대조적으로, '명예'는 위계질서를 나타낸다. 어떤 사람들은 더 많은 관심과 존경을 받아야 **마땅하다**.

우리는 독립된 인격을 갖추고 스스로 자제할 줄 아는, 자립한 사람이 되기를 바란다. 모든 인간은 의존성을 상징하는 배꼽(엄마에게 전적으로 의존하던 탯줄의 흔적)이 부끄러워서, 흙으로 다시 자기 자신을 빚고 있는 아담과 같다. 선택은 모든 도덕적 행동의 기초이다. 그리고 거의 모든 선택적 행동은 자유주의 질서의 마법 주문인 '동의'에 의해 정당화된다. 제5계명은 선택하지 않은 관계(선천적으로 주어진 관계 등: 역주)에 도덕적 중요성이 있다고 가르침으로써, 스스로 존재하고자 하는 사탄의 헛된 망상을 깨뜨려버린다. 그리스도인들은 이러한 원칙이 가족을 넘어 확장된다는 것을 오래전부터 알고 있었다.[72] 나는 미국인으로 태어나는 것이나 유아세례를 받을 것을 선택하지 않았지만, 이렇게 주어진 공동체의 권위에 순종해야만 한다.[73]

오늘날의 가족은 깨어진 가정에서 떨어져 나온 파편들의 집합체와 같다. 자녀들은 '당신의, 나의, 우리의' 아이들이며, 이런 아이들은 여러 아버지들과 양아버지들, 어머니들과 양어머니들, 즉 아버지와 아버지, 어머니와 어머니 사이

(동성 부모 가정의 경우: 역주)에서 자란다. 대부분의 미국 아이들은 두 부모와 함께 살고 있지만, 사분의 일은 그렇지 못하다. 일부 지역사회의 상황은 더 나쁘다. 아프리카계 미국인 아이들의 네 명 중 세 명이 혼외자로 태어난다. 제5계명은 아버지와 어머니를 공경할 것을 요구하는데, 아버지와 어머니 **둘 다 단수형**으로 언급하며, 양 부모가 각각의 성별 중 하나를 가지고 있다고 가정한다.[74]

다섯 번째 계명은 부모가 없는 자녀는 불가능하다고 가정假定하지만, 우리의 생명과학 기술은 이 가정을 깨뜨려버렸다. 오늘날엔 엄마의 자궁이 아니어도 부부의 유전자를 가진 아이를 가질 수 있다. 아이들이 기증된 난자와 정자로 수정되어 대리모를 통해 태어날 수 있기 때문에, 생물학적 부모들과 유전적으로 **전혀** 관계가 없는 아이들도 있을 수 있다. 가족은 생물학으로부터 멀어졌다.

동성同性 부부 가정의 아이들은 부모 모두와 생물학적으로 관련이 있을 수 **없다**. 부모와 자식 간의 관계는 생물학적 관계라기보다는 법적인 것이다. 입양은 많은 아이들과 가족들에게 선물과 같은 것이지만, 죽음이나 가정파탄으로 인해 불가피하게 일어나는 일이기도 하다. 오늘날 결혼에 관한 법률의 변화는 사실상 입양을 모든 부모-자녀 관계에 대한 법적 패러다임으로 만들고 있다. 무엇보다도, 이것은 모든 범주의 가족관계를 관리함으로써, 국가의 범위를 확장한다.

그리스도인들은 빅토리아 시대나 1950년대의 가족에 대한 향수鄕愁에 현혹되어서는 안 된다. 우리는 그들의 시대가 아니라 우리 시대에 살고 있다. 역사적으로 어떤 시대가 아니라, 성경이 우리의 기준이다. 그럼에도 불구하고, 제5계명은 가족과 사회에 대한 특정한 모델을 암묵적으로 전제하고 있다. 이 계명을 온전히 지키기 위해서, 우리는 이것이 가정하는 사회적 상황, 즉 일반적인 양 부모 가정, 선한 권위, 동의의 한계, 남녀 간의 결혼 종신서약을 통한 가정 보존의 가치를 다시 세워야 한다.

그리스도인들에게 가족의 기능은 교회의 현실에 의해 제한을 받는다. 교회는 유아들이 모교회가 양육하는, 하늘 아버지의 자녀들임을 표시하기 위해 세례를 준다. 교회에서 우리는 여러 명의 아버지들과 어머니들, 자매들과 형제들을 가지게 된다(막 10:30). 그러나 혈연관계가 무의미해지는 것은 아니다. 베드로와 안드레, 요한과 야고보는 각기 친형제이자 사도였고, 바울의 권면도 아비들과 그들의 친자녀 또는 입양된 자녀를 대상으로 한다(엡 6:1-4). 그러나 교회는 신자들의 형제애의 근원이자, 우리의 첫째 되는 가족이며, 양육과 훈육의 장이다. 혁명적인 사회의 변화로 인해, 오늘날의 교회는 큰 사명을 감당할 기회를 얻게 되었다. 새-창조를 위해 시내산에서 주신 열 개의 계명 중 하나인, 다섯 번째 계명은 깨어진 가정들이 다시 하나 되게 하는, 하나님의 가족 안에서 세상의 흐름을 거슬러 가족적 문화를 만들어 간다.

'공경하라'에 해당하는 히브리어로 '영화롭게 하다'를 의미하며, 성경에서는 하나님을 영화롭게 하는 표현으로 사용된다. 당신의 부모님은 하나님이 아니지만, 그들은 당신에게 주신 하나님의 선물이며, 반대로 당신은 그들에게 주신 하나님의 선물이다. 당신이 부모님을 대하는 태도는, 당신이 하나님을 대하는 태도와 같아야 한다. 스위스 신학자 칼 바르트Karl Barth (1886~1978)가 기록한 것처럼, 하나님만이 말 그대로 아버지시다. 왜냐하면 그분만이 유일한 생명의 근원이 되시기 때문이다. 그러나 그분은 인간의 아버지 됨과 어머니 됨(부성애와 모성애)을 허락하시는 은혜를 주셨으며 그렇게 세상을 만드셨다. 부모의 존엄성은 하늘 아버지를 상징하는 그들의 역할에 달려 있다.[75]

우리는 다음과 같이 질문함으로써, 이 계명의 실질적인 의미를 채워 넣을 수 있다. "우리는 어떻게 하나님께 영광을 돌리는가?"

그분을 찬양(칭찬)함으로 그렇게 할 수 있다. 당신은 부모님에 대해 좋은 말을 하는가, 아니면 비판하고 투덜거리며, 더 잘 아는 척 하는가?

그분을 섬김으로 그렇게 할 수 있다. 성경은 우리에게 센 머리 앞에서 일어나라고 말한다(레 19:32). 노인에 대한 존경심, 특히 부모에 대한 존경심을 가지고, 제사장이 아버지 하나님 앞에 서서 섬기는 것처럼 부모를 섬기는 자세를 취해야 한다.

그분의 말을 경청함으로 그렇게 할 수 있다. 히브리어 '영화롭게 하다'의 어원은 '무겁다'이다. 부모를 공경하는 것은 그들의 의견, 존재감, 조언에 무게를 두는 것이다. 부모님의 말과 인스타그램 친구의 말 중 누구의 말이 더 중요한가? 당신은 누구의 목소리를 경청하고 있는가? 부모는 자녀들을 성숙한 지혜로 인도하도록 부르심을 받았다. 자녀들은 부모가 그들에게 부족한 지혜를 가르치고 있다는 사실을 인정할 때, 그들을 생명의 길로 인도하는 부모에게 스스로 순종할 때, 그들의 부모를 공경하는 것이다.[76] 자녀들이 부모의 사명을 방해하기보다 돕기 시작할 때, 부모를 공경하는 것이 된다. 제5계명은 약속이 있는 첫 번째 계명이며(엡 6:2), 그 약속은 계명에 내재되어 있다. 부모가 그들의 사명을 다하고 자녀가 그들을 공경할 때, 자녀는 그 땅에서 장수하는 축복을 받게 된다.

그분을 신뢰함으로 그렇게 할 수 있다. 우리는 하나님께서 우리의 공급자가 되시고, 선을 행하시며, 우리의 유익을

최우선으로 생각하신다고 믿는다. 이처럼, 자녀들은 그들이 다 이해하지 못할지라도, 부모가 준 규칙이나 통금시간, 집안일들이 그들을 복되게 하기 위한 것이라고 믿음으로써 부모를 공경한다. 또한, 자녀들은 그들이 필요한 것을 부모에게 요청하고 부모가 주는 것을 감사히 받음으로써 부모를 공경한다.

그분의 징계에 순종함으로 그렇게 할 수 있다. 때론 하나님은 우리를 징계하심으로써 우리의 자녀됨을 증명하신다(히 12장). 우리가 하나님의 징계를 거스르는 것은 그분을 공경하는 것이 아니다. 자녀들이 징계에 대하여 화를 내며 분개할 때, 그들은 제5계명에 불순종하는 것이다.

우리는 삶의 여러 시기에 따라, 다섯 번째 계명에 각기 다른 모습으로 순종하지만, 다섯 번째 계명은 결코 대체되지 않는다. 성인이 된 자녀 또한 부모를 칭찬하고, 그 말에 무게를 두며, 신뢰함으로 부모를 공경해야 한다.

사실, 이 계명은 **주로** 성인이 된 자녀들에게 주어진다.[77] 이 계명은 자녀가 부모의 노후를 돌봄으로써 실질적으로 부모를 공경할 것을 요구한다. 이런 관점에서 우리는 제5계명이 정의로운 사회에 대한 성경적 관점과 어떻게 엮여 있는지 깨닫게 된다. 부모를 공경하는 것은 연약한 고아와 과부를 돌보는 것과 관련이 있다(겔 22:6-8). 레위기 19장 3절은 다음과 같이 명령한다. "너희 각 사람은 부모를 경외하고,[78] 나의 안식일을 지키라."[79] 노년의 물질적 부양으로 표현되는 어머니와 아버지에 대한 공경은 안식일 준수의 한 형태다. 이스라엘에서 1세기 당시 바리새인들은 부모를 돕는 대신 성전에 돈을 바치겠다고 서원함으로써 이러한 책임을 회피했다(막 7:9-13). 예수님께서는 그들의 생각을 꿰뚫어 보시고 그들이 하나님의 명령을 무시하는 것을 책망하셨다. 이스라엘에서는 부모를 학대하거나 방치하는 것이 대중의 관심사였으며 가혹한 처벌을 받았다.[80]

내 추론에 따르면("두 개의 돌판" 31쪽 참조), 제5계명은 첫 번째 돌판 안에서, 예배와 관련된 계명과 연결되어 있다. 하나님의 자녀가 된 새 아담, 이스라엘에게 "네 아버지를 공경하라"는 것은 "너를 애굽 땅에서 인도하여 낸 네 아버지 여호와를 공경하라"함을 의미한다.[81]

제5계명은 하늘 아버지께서 그분의 자녀들에게 하신 말씀이기 때문에, 궁극적으로 하나님 아버지와 이스라엘의 구원을 위해 참 이스라엘로 사신 그분의 영원한 아들에 관한 것이기도 하다. 다섯 번째 계명은 어떤 특정한 사회적 질서를 염두에 둔 것이지만, 그것은 하나님의 내밀한 삶을 밖으로 드러낸 것이기도 하다. 아들(성자-예수 그리스도)은 아버지를 공경하고, 아버지를 신뢰하며, 아버지에게 복종하고, 아버지의 말씀을 듣고, 아버지의 말씀에 무게를 두며, 아버지의 징계에 순종한다. 그러나 이것이 이야기의 끝은 아니다. 이와 동시에 아버지는 아들을 영광스럽고 명예롭게 하며, 그의 기도와 간구를 들으신다.

이것이 가정생활의 최종적인 진리다. 어린 자녀는 부모를 영화롭게 하고, 부모는 그들의 자녀를 영광스럽게 키운다. 성인이 된 자녀는 그들의 부모를 물질적으로 공경하고 부모는 그들의 자녀를 칭찬한다. 제5계명을 지킴으로써, 가정생활은 살아 계신 하나님과 맞물려 교감하는 상호 간의 공경과 존중을 나타내게 된다.

I
II
III
IV
V
VI
VII
VIII
IX
X

제 6 계명

살인하지 말라.

I
II
III
IV
V
VI
VII
VIII
IX
X

"살인하지 말라"

예수님은 율법을 두 계명으로 요약하셨다. "네 마음을 다하여 목숨을 다하여 힘을 다하여 뜻을 다하여 주 너의 하나님을 사랑하고 또한 네 이웃을 네 자신과 같이 사랑하라"(눅 10:27). 이 계명은 십계명을 압축한 것이다. 전반부 다섯 계명은 하나님 사랑에 관한 것이고, 후반부 다섯 계명은 이웃 사랑에 관한 것이다.

제6계명은 십계명 후반부를 시작하기에 딱 알맞은 머리말이다. 십계명은 살인을 금지하는 어떠한 근거도 제시하지 않는다. 왜냐하면 그 근거가 일찍이 노아의 홍수사건 이후에 제시되었기 때문이다(창 9:3-7). 여호와께서는 고기를 피째 먹는 것을 금하고, 사람의 피를 흘리지 말라고 경고하신다.

다른 사람의 피를 흘리면
그 사람의 피도 흘릴 것이니
이는 하나님이 자기 형상대로
사람을 지으셨음이니라(창 9:6)

인간은 하나님의 형상을 따라 만들어졌기 때문에 그 생명을 보호해야 한다.[82] 제1계명은 출애굽의 하나님 외에 그 누구도 숭배하지 못하게 한다. 그리고 두 번째 돌판의 첫 계명은 하나님의 형상으로 창조된 존재에 대한 공격을 금지한다.

이러한 맥락에서 십계명의 전반부와 후반부는 서로 일치한다. 우상숭배는 살인의 한 종류이며, 살인은 일종의 우상숭배이다(제1계명과 제6계명). 우상을 숭배하는 것은 영적인 간음이다(제2계명과 제7계명). 하나님의 이름을 가볍게 여기는 태도는 그분의 영광을 훔치는 것이다(제3계명과 제8계명). 안식일은 언약을 새롭게 하기 위한 것이다(제4계명과 제9계명). 탐욕은 건강한 가족과 사회, 시민의 삶에 필요한 위계질서를 훼손하는 것이다(제5계명과 제10계명).[83]

제6계명은 우리를 창세기 3장에서 창세기 4장으로 넘어가게 간다. 아담의 원죄는 하나님의 말씀을 무시하는 우상숭배였으며(창 3장), 하와는 처음부터 살인한 자인 마귀에게 시험을 받았고(요 8:44), 아담의 아들 중 하나는 스스로 사악한 살인자가 되었다(창 4장). 십계명은 아담의 우상숭배와 가인의 동족 살인을 둘 다 금지한다.

후반부의 다섯 계명은 '살인하지 말라'의 연장 선상에 있다. 다른 사람을 죽임으로써 하나님의 형상을 공격하지 말라. 혼인 서약을 어기고, 남의 재산을 빼앗고, 그 사람의 명예를 더럽혀서 하나님의 형상을 공격해서는 안 된다. 우리가 탐욕을 부릴 때, 채워지지 않은 욕망은, 우리를 하나님의 형상을 공격함으로써 하나님을 공격하는 질투심 가득한 살인자, 가인으로 만든다.

영어 번역은 히브리어 동사를 '죽이다'로 번역한다. 그러나 이것은 너무 제한적인 번역이다. 이 히브리어 동사는 살인자들이 피를 보복하는 자들로부터 도피할 도시를 만드는 민수기 35장에서 자주 사용된다. 이 동사는 자주 '죽이다'를 의미하는데, 이는 남성이나 여성을 의도적으로 또는 계획적으로 죽이는 것을 의미한다(민 35:16, 17, 18, 19, 21, 25, 26, 27). 그러나 우리가 '과실치사'라고 부르는, 의도치 않은 살인 또는 우발적 범죄를 표현할 때도 같은 동사가 사용된다(민 35:27, 신 4:42 참조). 심지어 보복자의 정당한 사형집행조차도 같은 동사를 사용한다(민 35:27, 민 35:30 참조). 이 단어는 자주 '죽이다'를 의미하지만, 기본적인 의미는 '사람을 죽이는 것'이다.[84]

성경은 여러 종류의 살해 행위를 각기 다르게 취급한다. 성경은 동물을 보살필 것을 요구하지만, 식량을 위해 동물을 죽이는 것까지 금한 것은 결코 아니다. 주님은 통치자들에게 범죄자를 처형할 권한을 주셨다(롬 13장). 성경은 특별히, 살인의 경우에 사형을 정당한 것으로 취급한다(출 21:23, 민 35장). 아우구스티누스St. Augustinus가 말한 것처럼, "그분은 정의로운 명령을 수행한 집행자를 심판하지 않으신다."[85] 전쟁 상황에서 허용되기도 했으며(신 20장),[86] 이스라엘 사람들은 제한된 조건 하에서, 그들의 집을 지키기 위한 방어적 살인까지도 허용되었다(출 22:2-4).

그러나 사람의 피를 흘리는 모든 경우에 대하여, 살인은 감금, 처형, 또는 정결 의식을 통해 다루어져야 했다(신 21:1-9 참조). 군인들은 전쟁에 나가기 전, 피 흘림에 대한 '속전'을 지불했다(출 30:11-16). 윌리엄 캐버너William Cavanaugh는 도발적이면서도 날카롭게 요점을 짚는다. 우리 현대인들은 국가의 명령에 따라 기꺼이 살인을 저지르지만, 성경은 **오직** 하나님의 이름 안에서만 살인이 허용됨을 단언한다.[87]

여기서 우리는 제1계명과 제6계명 사이의 또 다른 '심상적' 관련성을 찾아낼 수 있다. 언제 살인이 허용될 수 있는지는 전적으로 생사의 주관자이신 하나님께 달려 있다. 만일 우리가 누군가의 명령에 따라 살인을 하게 된다면, 그 누군가는

우리의 하나님이자, 생사를 주관하시는 우리의 주님이 되는 것이다.[88]

지금쯤이면 당신은 안도감을 느끼고 있을지도 모른다. 적어도 바로 이 계명만큼은 당신이 결코 어길 일이 없었을 것이기 때문이다.

그러나 그렇게 쉽게 마음을 놓아서는 안 된다. 만약 당신이 현대 사회에 살고 있다면, 당신은 폭력적인 네트워크 안에 갇혀 살아가고 있는 것이다. 대중문화는 폭력에 대한 세밀한 묘사를 통해 우리를 흥분시킨다. 성경은 거짓 증인을 '폭력의 증인witnesses of violence'이라고 부른다. 트위터에서 몇 분만 시간을 보내도, 언어적인 혼란을 경험하게 될 것이다. 자유주의 질서는 우리가 근본적인 진리에 대해 영원히 동의하지 않을 것이라고 가정하고, 그에 따라 나쁜 것에 맞서기 위해 선한 폭력에 의존한다. 더 많은 석유, 더 많은 편안함, 더 많은 **물질**에 대한 미국인들의 탐욕은 외교 정책을 끝없는 전쟁으로 몰아간다.[89] 군인들은 '하나님의 뜻에서 폭력이 분리된 **가장 이상적인** 국가'를 위해 살인을 자행한다.[90]

심지어 기독교인들조차도 폭력을 하나님의 뜻과 분리하는 것을 환영한다. 많은 크리스천 군인들이 목회자와 상담해보거나, 이 전쟁이 주님께서 보시기에 정당한지 고민해보지 않고 전쟁에 나간다. 싸움을 결단하기에 앞서 교회의 허락이 필요하다고 생각하는 기독교인은 거의 없다. 하나님께서 삶과 죽음의 주인이시라면, 그리스도인들은 오직 그분이 허락하실 때만 살인이 허용된다.

우리는 자손 번식이라는 맥락에서 가족을 존중하지 않고, 완벽한 아기나 아이에 대한 권리를 요구하기 때문에, 우리는 수천 개의 배아를 만들었다가 버리는 생식 기술을 개발했다. 제5계명에 대한 우리의 불순종은, 법적으로 보장된 죽음의 첨단 기술 문화를 조성했다.[91] 대부분의 '선진' 사회에서는 태아 살인이 산업화가 되었다. 낙태는 더 이상 부차적인 문제가 아니다. 로버트 젠슨Robert Jenson(1930~2017)이 말했듯이, 문명사회의 핵심적인 특징은 "사적 복수를 법정과 그 집행관으로 대체하는 것이다." 합법적 낙태는 '가장 깊은 이해관계 당사자'에게 살인 면허를 부여하는데, 이는 '순전히 야만으로 돌아가는' 살인의 사유화에 불과하다.[92]

우리는 십계명이 참 이스라엘이자, 마지막 아담이며, 영원한 아들이 되시는 예수님의 초상화임을 기억함으로써 더 깊이 들어갈 수 있다. 일단 우리가 예수님을 바라보면 두 가지가 분명해진다.

첫째, 예수님의 **가르침**이다. 산상수훈에서 여섯 번째 말씀을 하시면서, 예수님은 증오와 분노, 분노하는 말에 대하여 경고하신다(마 5:21-26, 38-48). 마르틴 루터Martin Luther

가 말했듯이, 여섯 번째 말씀은 순수한 행실뿐만 아니라, 순수한 마음을 요구한다. 왜냐하면 우리는 신체의 어떤 부분으로든 살인을 행할 수 있기 때문이다.[93] 분노는 내면을 휘저어 놓으며, 자녀가 저지른 난처한 사고나, 직장에서의 압박감, 교통체증 같은 작은 도발만으로도 한 사람의 삶을 지배할 수 있다. 당신은 당신이 갈망하는 것이 있다고 말하지만, 갈망처럼 보이는 그것은 경쟁자를 무너뜨리려는 욕망이다. 본심을 들여다보면, 당신은 살인자다. 당신은 말주변이 없다고 말하지만, 현실에서 당신은 당신의 혀를 모욕과 저주와 거품이는 분노로 사람을 죽이는 검으로 만든다. 당신은 당신이 리더라고 말하지만, 현실에서 당신의 끓어오르는 분노는 주위의 모든 사람을 위협한다. 분노는 방향을 틀어 자기혐오의 이면으로 들어가 교묘하게 자신을 겸손으로 위장한다.

우리는 대부분의 경우 분노를 감추고 부드러운 사회성으로 표면을 위장하는 완벽한 기술을 구사한다. 심지어 우리는 자신의 분노까지도 스스로에게서 숨긴다. 분노에 가득 찬 사람일수록, 비록 그들이 제6계명에 계속 불순종하며 살아왔음에도 불구하고, 그들이 화가 났다는 사실을 깨닫고 충격을 받게 될 것이다.

예수님은 분노를 금하지 않으신다. 예수님께서 성전에서 행하신 일에서 알 수 있듯이, 의로운 분노는 실제로 존재한다. 예수님께서는 서기관과 바리새인을 능가하는 의를 요구하시는데, 이는 곧 예수님의 의와 같은 것이다(마 5:17–20). 예수님은 잘못된 것을 단순히 피하기만 하시는 분이 아니다. 그분의 의義는 악惡을 이기는 능동적인 의義이다.

예수님은 화를 가라앉히고 선으로 악을 이길 실천적인 항목들을 **명령하셨다**(마 5:21–26). 형제 사이가 좋지 않으면 예물을 제단 앞에 두고 먼저 가서 화해를 구하라. 법정에 들어서기 전에 고발을 중단하고 친구가 되라. 복수하려 하지 말고, 다른 쪽 뺨도 돌려대라. 여섯 번째 계명은 우리가 하나님의 아들 되신 **예수님처럼**, 화평하게 하는 자가 될 것을 요구한다.

둘째, 제6계명은 예수님의 **성격과 행동**을 묘사한다. 예수님의 전 생애는 '살인하지 말라'는 계명 그 자체였다. 그분은 하나님의 형상을 공격하지 않고, 오히려 회복시키셨다. 그분은 상처를 주신 것이 아니라, 치유하셨다. 그분은 생명을 빼앗지 않으시고, 오히려 더욱 풍성한 생명을 주셨다. 또한 억압이 아닌, 해방을 주시는 분이셨다. 그분의 말씀, 심지어 가장 가혹한 말조차도 '생명의 말씀'이었다. 그분은 자신의 혀를 약한 자들을 보호하고, 악한 자들을 불러 생명에 이르는 회개의 자리로 이끄는 검으로 사용하셨다.

예수님은 자신을 변호하고 복수할 이유가 충분하셨다. 그분의 명령 한 마디면 움직이는, 열두 군단보다 더 되는 천사들도 있었다. 그러나 그렇게 하는 대신, 예수님은 자신을 내어주시고, 묵묵히 인내하면서 고통을 겪으시며, 사형집행인들을 사랑하사 용서를 구하셨다. 그분은 살인하지 않으셨지만, 살인의 희생자가 되어 죽으심으로, 생명을 주셨다. 제6계명에서, 예수님은 우리가 모든 형태의 살인을 버리고, 우리 자신을 내어줌으로써, 풍성한 생명을 전하는 순교자의 길을 따르도록 우리를 부르신다.

I
II
III
IV
V
VI
VII
VIII
IX
X

제 7 계명

간음하지 말라.

"간음하지 말라"

예나 지금이나, 인간들이 제멋대로 살든 말든 관심도 없는 세상의 신들과 달리, 시내산의 하나님은 우리를 가만히 내버려 두지 않고 관심을 가지고 개입하신다. 그분은 이스라엘 백성에게 **오직 자기만**을 경배하고 섬겨야 한다고 말씀하시면서, 어떠한 상징이나 형상 없이도 하나님을 예배하는 **방법**에 대해 가르쳐주셨다. 만약 그분이 마이크로매니저(사소한 일까지 세세하게 챙기는 사람: 역주)와 같은 신이셨다면, 이스라엘 백성의 주간 계획을 일일이 세워주셨을 것이다. 또는 그분이 이상주의적인 신이셨다면, 우리가 폭력과 복수가 없는 세상에서 살기를 기대하셨을 것이다. 그러나 그분은 십계명을 통해 실제로 선을 넘어 인간의 생각과 욕망에 개입하신다.

제7계명보다 더 따끔한 계명은 없다. 많은 사람들이 내 몸은 내 것이며, 나의 성적性的 욕망은 어떤 내용과 형태이든 간에 평범하고 자연스럽고 오히려 건강한 것이라는 신념 속에 살고 있다. 감히 **어느 누가**, 심지어 예수님조차도, 내가 원하는 대로 생각하고 행동하고 느껴도 된다는 헌법상의 권리에 간섭할 수 있겠는가? "내 사생활을 좀 지켜주세요!"

물론, 대부분의 사람들은 자신의 성적 자유의 한계를 인정할 정도로 충분한 분별력이 있다. 당연히 자신의 자녀와의 성관계를 지지하는 사람은 거의 없으며, 오직 일부 극단적인 진보주의자들만이 일평생 결혼 생활에 충실해야 한다는 통념은 불합리한 것이고, 가족제도는 조용히 매장되어야 한다고 주장할 뿐이다. 대부분의 사람들은 간통이 나쁜 행동이라는 것을 알고 있으며, 사회가 이런 불륜의 산물로부터 가정을 보호해야 한다는 것에 동의한다. 간음은 결혼 생활과 가정을 파괴한다. 남녀 모두 트라우마를 겪고, 이혼 후에 궁핍해진다. 아이들은 몇 년 동안 두려움에 떨며 부모들이 집에서, 법정에서, 자신들을 두고 싸우는 모습을 지켜봐야만 한다. 만약 모든 남성이 친구의 아내에게 집적대며 어슬렁거리고, 모든 아내는 모텔로 도피할 기회만 찾고 있다면, 우리는 결혼의 유익을 누릴 수가 없다.

하나님은 성적 문제에 있어서 가정을 보호하는 것에만 머무르지 않으신다. 다른 행태의 성행위들도 금지하신다. 여호와께서는 이스라엘 백성에게 누구와 성적 관계를 맺을 수 있는지에 대해 말씀하시면서, 어머니나 계모, 며느리, 누나, 이모 등과의 성관계를 금하셨다(레 18장). 또한, 남자가 여자와 동침함 같이 동성 간의 동침하는 것을 금하시고(레 18:22), 동물과의 성적 접촉도 금하셨다(레 18:23). 만약 한 남성이 처녀와 성관계를 가지면, 그는 반드시 결혼이나 지참금을 요구할 권리를 가진 그녀의 아버지를 대면해야 했다(출 22:16-17). 하나님께서는 '동의'를 성관계의 근본적인 허용 기준으로 여기지 않으시기에, 성인들의 '상호 간의 합의'에 의한 성관계까지도 금지하셨다. 누가 감히 이렇게까지 엄격할 수 있겠는가?

젠틀하신 예수님께선 상황을 더 곤혹스럽게 만드신다. "또 간음하지 말라 하였다는 것을 너희가 들었으나 나는 너희에게 이르노니 음욕을 품고 여자를 보는 자마다 마음에 이미 간음하였느니라"(마 5:27-30). 예수님은 내면의 성적인 욕망은 물론, 욕망을 부채질하는 '둘러보는 습관'조차도 단호하게 금지하셨다. 예수님께서 당신이 침실에서 혼자 은밀하게 포르노pornography를 시청할 수 있도록 허점을 남겨 두셨을 것이라고 생각한다면, 매우 큰 오산이다. 당신이 음란물 보는 것은 **정확히** 예수님께서 금하신 것이며, 이는 정욕을 품

고 남자나 여자를 보는 것이다.[94]

말씀에 순종하며 이 모든 것에 따르고자 할 때, 성경은 우리의 자유분방한 성생활을 '이성 간의 결혼'이라는 평생 서약의 좁은 길로 돌이키도록 남녀 모두에게 제안한다.

최근에 우리는 남성 또는 여성으로서의 정체성을 '선택의 문제'로 삼음으로써, 성적 자율성에서 몇 걸음 더 나가버렸다. 자기가 다른 성性으로 잘못 태어났다고 느끼는 감정 상태인 '성별 불쾌감Gender dysphoria'이 심적으로 부담스럽고 고통스러울 수 있지만, 그렇다고 불편함이 근본적인 사실을 바꾸지 못한다. 우리는 각자 남성이건 여성이건 둘 중 하나의 모습으로 살아가는 삶을 선물로 받았고(창 1:26-28), 이는 우리 몸에 새겨져 있다. 하나님은 우리를 지으신 그대로의 모습으로 부르신다. 남자는 남자라는 영광스러운 소명으로, 여자는 여자라는 고귀한 소명으로 부르셨다. 둘 다 남성과 여성을 위해 세우신 질서에 순종하도록 부르심을 받았다.

오늘날의 문화적 인식과는 달리, 남성과 여성에게는 **질서가 있다**. 바울은 창세기 2장을 언급하면서 말했다. "남자는 여자를 위해 지음을 받지 아니하고 여자가 남자를 위하여 지음을 받은 것이니"(고전 11:9). "아담이 먼저 지음을 받고 하와가 그 후며"(딤전 2:13). 동시에 바울은 성별의 상호성을 강조한다. 하와는 아담에게서 나왔지만, 그 이후 모든 남성은 여성에게서 나왔다. 그리고 남자와 여자는 모두 하나님께로부터 나왔다(고전 11:11-12). 그러나 상호의존성이 성별을 서로 바꿀 수 있음을 의미하는 것은 결코 아니다. 상호성은 처음과 나중이라는 질서 내에서 존재하는 것이다.

여호와께서는 성행위를 드러난 **공적인** 문제로 여기신다. 고대 이스라엘에서 일부 성적인 죄는 **범죄**였다. 간음하는 자는 남녀를 막론하고 죽임을 당했다(레 20:10). 남자가 여자와 동침함 같이 남자와 동침하면 둘 다 죽임을 당했다(레 20:13). 동물과 성관계를 가진 남녀도 처형당했으며(레 20:15-16), 어머니나, 계모, 며느리와 동침하는 자도 사형에 처했다(레 20:11-12).

이 법은 다른 나라들에서도 적용되긴 하지만, 바울은 교회가 공적으로 성性과 관련된 규범을 집행한다는 점을 분명히 한다. 아버지의 아내와 성관계를 맺은 고린도 교인을 공적 절차를 통해 교회의 공회에서 내쫓았다(고전 5:4). 바울은 신명기에서 "너희 중에서 악을 제하라"는 사형 선고를 인용한다(고전 5:13). 교회는 일반적인 세상의 잣대를 사용하지 않는다. 성경에 근거한 교회의 규율이라는 훨씬 더 강력한 칼로 성적 규범을 지킨다.

사회는 자손 번식을 통해서만 유지되고, 생식reproduction은 남녀의 성적性的 결합을 통해서만 이루어진다. 사회질서는 신체의 차이 및 성적인 관계와 관련이 있다. "내가 침대에서 하는 일은 사회 공동체가 가장 민감하게 관심을 보이는 영역이다." 여기에 대한 입법을 거부하는 것은 미친 짓이고 위험하다. 로버트 젠슨Robert Jenson은 "어떤 사회도 형태가 없는 상태를 견딜 수 없다"고 썼다. 만약 우리의 성생활이 관습적, 종교적 규범에 따라 규정되지 않는다면, 국가는 기꺼이 질서를 부과하려고 할 것이다.[95]

그러나 이러한 사회적, 정치적 관심은 일곱 번째 계명의 깊이에 이르지 못한다. 간음은 단순히 자제력이 부족하거나, 서약에 대한 불성실함이 아니다. 제7계명은 제2계명과 유사하다. 우상숭배가 영적인 간음인 것처럼, 간음도 일종의 우상숭배다. 간음은 가정과 사회의 파탄으로만 끝나지 않는다. 그것은 하나님의 형상에 대한 공격이다.

성관계와 결혼은 시작부터 끝까지 신학적 현실이다. 바울은 성적性的 구별이라는 중립적인 자연 현상에 대해 그리스도와 교회라는 패러다임을 강요하지 않는다(엡 5장). 성관계는 신부를 향한 하나님의 사랑의 표시로써 창조되었다. 그래서 바울이 창세기 2장을 인용하면서, 하나님의 커다란 신비는 자신의 백성과 맺은 언약에 대한 유대감의 살아 있는 표징으로써, 서로 다르면서도 한 몸이고, 한 몸이면서도 서로 다른, 남자와 여자로 인간을 창조하셨다는 것이다.

하와의 창조에 대한 기록은 언약의 하나님과 그분의 백성에 관한 비유이기도 하다(창 2장).[96] "사람이 혼자 사는 것이 좋지 아니하니"(창 2:18), 여호와께서 아담에 대해 말씀하셨다. 즉, 하나님은 홀로 계시기를 선택하지 않으시고, 우리를 위한 하나님이자, 우리와 함께하시는 하나님이 되기로 선택하신 것이다. 창세기는 "남자가 부모를 떠나 그의 아내와 합하여"라고 말한다. 이처럼 이스라엘의 하나님도 자신의 신부를 구하기 위해, 하늘을 떠나 사망의 골짜기로 들어가셨다. 결혼은 성육신을 나타낸다. 창세기는 하나의 성령으로 말미암아 그리스도와 교회의 연합으로 이루어진 생명의 틀 안에서 "둘이 한 몸을 이룰지로다"(창 2:24)라고 말한다. 한 남자와 한 여자가 평일에는 각자의 일들로 분주하면서도 주말에는 둘이 함께하며, 낮에는 독신인 듯 보이나 밤에는 한 몸을 이룬다. 하나님께서 이스라엘과 맺은 언약처럼 그들의 결혼이 모든 것을 물들였다. 창세기는 "두 사람이 벌거벗었으나 부끄러워하지 아니하니라"(창 2:25)고 말하며, 우리에게 미래의 친밀감에 대한 소망을 준다. 새로운 피조물이 되면 우리의 부끄러움은 사라지고, 영원토록 우리 주님과 직접 얼굴을 마주하며 살아갈 것이다.

모든 삐뚤어진 형태의 성관계는 결혼에 대한 창조질서를 왜곡한다. 알렉산드리아의 클레멘트Clement of Alexandria(150~215)

는 간음이 우상숭배와 같은 배신이라고 말했다.[97] 우리는 한 몸이 된 것에 대한 헌신 없이 성적 쾌락만을 추구함으로써, 신실하신 하나님의 언약을 거역한다. 우리는 여러 명의 섹스 파트너를 경험해 보고 싶고, 그래서 **단 한 명**의 신부만을 사랑하시는 하나님께 거짓말을 하며 살아간다. '동성애 행위'는 하나님과 그분의 백성과의 관계의 핵심인 서로 다름의 연합을 깨뜨린다. 성적인 죄는 창조주에 대하여 죄를 짓는 것이다. 창조 질서는 언약의 주님을 대변하는 상징이다.[98]

이는 성적性的 관계에서의 불성실함에 대해 예언적으로 보여주는 예표이다.[99] 때때로 선지자들은 유다 백성의 개인적인 성생활을 정죄했다. 그보다 더 자주 유다의 불신앙은 간음한 아내로 비유되었다. 예수님은 자신을 배척하는 '악하고 음란한 세대'(마 12:39, 16:4)를 정죄하실 때 같은 비유를 사용하셨다. 야고보는 야고보서의 수신자들에게 믿음 없는 세상의 벗이 되어 거룩한 남편이신 하나님에게 '간음한 여자'가 되지 말라고 경고한다(약 4:4).

이 신학적 관점에서 결혼과 간음을 보게 되면, '하지 말아야 할 것'이 자리를 잡게 된다. 모든 것은 근본적으로 '해야 할 일'에 뿌리를 두고 있다. 남성으로서, 그리고 여성으로서의 당신이 되라! **결혼한** 남편과 아내로서, 창조와 언약의 살아 계신 하나님의 형상이 되라![100]

결혼 안에서의 성적인 충실함과 결혼 밖에서의 성적인 순결함은 단순한 법적 요구사항이 아니다. 성적性的으로 신실한 삶은, 곧 복음Gospel을 전하는 삶이다. 남편과 아내가 성적으로든 아니든 서로에게 충실할 때, 그들은 이스라엘과 새 이스라엘에 대한 맹세를 지키시는 언약의 하나님의 상징이 된다. 제7계명을 지킴으로써, 우리는 신부를 위해 자신을 온전히 헌신하는 교회의 신랑 되신 예수님의 복음Good News을 드라마틱하게 나타내게 된다.

I
II
III
IV
V
VI
VII
VIII
IX
X

제 8 계명

도둑질하지 말라.

“도둑질하지 말라”

다시 말하지만, 제6계명은 십계명의 두 번째 '돌판'에 기록된 후반부 다섯 가지 계명들의 요약본이라 할 수 있다. 간음처럼 도둑질도 일종의 살인인 것이다.

물론, 단순히 무언가를 훔치는 행위가 어떻게 살인이 될 수 있는지 납득하기 어렵다. 우리는 집, 자동차, 가구, 주방용품, 땅, 또는 가보家寶 등을 소유하고 있다. 하지만 우리는 그것들을 내 인격의 일부로 생각하진 않는다. 그런 것들은 그저 도구이거나 장난감일 뿐이다.

이를 구별하는 성경적 근거가 있다. 토라Torah(율법)는 소유물에 대한 범죄와 사람에 대한 범죄를 다르게 처벌한다. 살인한 자를 사형에 처하듯, 부모를 저주하는 자도 마찬가지로 사형에 처한다(민 35장, 출 21:17, 레20:9). 일부 성적 행위도 중범죄에 해당한다(레 20장). 그러나 소유물에 대한 범죄의 경우 기본적인 형벌은 배상이다(출 22:1–5). 당신이 100달러를 훔쳤다면 100달러를 돌려주고 거기에 100달러를 더 배상해야 한다. 눈에는 눈이다. 당신이 이웃에게 끼친 피해만큼 손해를 본다.[101]

아마도 인간과 소유물 간의 관계성은 직접 정성을 들여 뜨개질해서 옷을 만드는 사람들이 많을수록, 셀프 시공을 통해 집을 짓는 사람들이 많을수록, 또는 촛대나 그릇을 만들어 준 장인匠人을 잘 알면 알수록 더욱 강력해질 것이다. 오늘날의 경제 생활에서 소유는 비인격화되어 있다. 즉, 우리는 자신만을 위한 물건을 만들지 않는다. 우리는 물건을 쉽게 처분하고, 탐욕을 즐기며 새 물건을 쉽게 구매한다. 낡은 것은 버리고, 새로운 것을 환영한다.

그럼에도 불구하고, 우리는 자신의 물건에 정서적인 애착을 갖기도 한다. '우리'는 '우리의 소유'도 포함하는 개념이다. 무엇인가를 소유한다는 것은 그것을 자신의 인격에 통합하는 것이다.[102] 당신이 새 차나 집, 소파를 가지게 되었을 때의 자부심과 만족감을 상상해 보자. 아파트를 구입하면 당신은 아파트를 소유한 사람이 된다. 오랫동안 소유했던 자동차나 가구에 대한 애정을 생각해 보자("우린 정말 많은 일들을 함께 해왔는데", 당신도 속으로 이렇게 속삭여본 적이 있지 않은가). 물건을 도난당했을 때의 기분도 상상해보자. 겉으론 "그래봤자 시계일 **뿐이야**"라고 말하며 스스로를 진정시킬지도 모른다. 그러나 당신은 자기 물건뿐만 아니라 **당신 자신**도 침해당했다는 느낌을 떨쳐버릴 수 없을 것이다.

성경은 사람과 소유물 간의 이러한 관계에 대해 다양한 방식으로 힌트를 준다. 토라에서 도둑질에 관한 첫 번째 구체적인 율법은 유괴나 납치를 금지한 것이다(출 21:16). 우리는 다른 사람을 노예로 삼거나, 염전 노예처럼 부당하게 감금해서 생산성을 강요하는 거나, 공정한 임금보다 적게 받고 일하도록 조작함으로써 다른 누군가를 착취할 수 있다.[103] 더 나아가, 율법은 우리가 이웃의 재산도 돌볼 것을 요구한다. 친구가 휴가 중에 보관할 것을 맡기면 내 것처럼 보호해야 한다(출 22:7). 만약 빌린 것을 훼손하였다면, 반드시 배상해야 한다(출 22:14). 이웃의 가축이 길을 잃은 것을 발견하면, 반드시 돌려주거나 주인이 되찾으러 올 때까지 돌봐 주어야 한다(신 22장). 심지어 원수의 가축이 짐에 눌려 일어서지 못하면, 반드시 그것을 풀어주고 돌려보내야 한다(출 23:4-5). "나는 이제 내 원수를 사랑하겠어, 하지만 그의 물건들은 죄다 내다 버릴 거야"라고 말하는 것은 모순이다. 당신은 그렇게 말할 수 없다. '황금률'은 소유뿐만 아니라 개인적인 관계도 포함한다. 당신은 원수怨讐가 당신에게 해주길 바라는 방식으로, 원수의 소유를 돌봄으로써 그를 사랑할 기회를 얻게 된다. 이웃의 물건을 지켜주는 것이 이웃에 대한 사랑의 **일부**가 된다.

사람과 소유물의 관계는 하나님의 소유에 관한 관심과 태도에 잘 드러나 있다. 여호와께서는 몇몇 특정한 것들을 오직 자기만의 소유라고 선언하셨다. 그것들은 하나님께 속하였기 때문에 '거룩한 것' 또는 '지극히 거룩한 것'이다. 하나님은 스스로 거룩하신 분이시며, 소유 또한 그분의 거룩하심 안에 포함되어 있다. 하나님은 그분의 백성들을 자신의 소유물로 삼으신다. 하나님을 닮은 형상으로서 우리가 소유한 것들 또한 우리 인격의 확장판이 된다.[104] 우리에게도 우리의 '거룩한 것들'과 '거룩한 장소들'이 있다.

우리가 소유물과 맺은 깊은 유대감을 보면, 우리는 재물에 대한 예수님의 가르침이 얼마나 강력한지 느낄 수 있다. 그분은 머리 둘 곳이 없었으며, 생업에 종사하던 제자들을 불러 자신을 따르게 하셨다. 그분은 관원이었던 부자 청년에게 그가 가진 모든 것을 나누어 주라고 말씀하셨다. 소유물이 느슨하게 장착된 부가기능 같은 것이라면, 그렇게 하는 것이 쉬웠을 것이다. 그러나 현실은 결코 쉽지 않다. 우리의 소유를 포기하는 것은 팔다리를 잘라내는 것과 같다. 예수님께서 우리에게 소유를 포기할 준비를 하도록 요구하시는 것은, 우리에게 생명을 포기할 준비를 하도록 요구하시는 것과 같은 것이다. 두 경우 모두, 그분은 우리를 자기 부인自己否認의 길로 부르신다.

도둑이 되기 위해, 꼭 스타킹을 뒤집어쓰고 남의 집에 몰래 들어가야 할 필요는 없다. 대낮에 시장에서 사기를 치거나 속이는 것도 얼마든지 도둑질이 될 수 있다. 성경은 공평한 저울과 정직함을 요구한다(레 19:35, 신 25:15). 시간이 지남에 따라, 고대 금속 동전들은 얇아졌다. 부정직한 상인들이 은화를 조금씩 얇게 깎아냈기 때문이다. 그들은 실제로는 45세겔shekel(이스라엘의 무게 및 통화 단위) 밖에 안 되는 동전을 50세겔이라고 주장했다. 이런 행위는 절도이며, 교환 경제에서 신뢰와 신용이 얼마나 중요한지 보여준다. 우리의 경제활동의 대부분은 약속, 계약, 광고와 같은 언어를 통해 이루어진다.[105] 당신은 "나는 대화에는 솔직할 것이지만, 나와의 계약은 끝으로 갈수록 흐릿해질 것입니다"라고 말할 수 없다.[106] 토마스 아퀴나스Thomas Aquinas가 말했듯이, 우리가 이웃과 하는 거래에서 조금이라도 속여 빼앗는 모든 순간이 여덟 번째 계명을 어기는 것이다.[107]

제8계명은 제3계명과 연결되어 있다. 도둑질은 오늘날 세계에서 가장 존경받는 우상인 부富의 신, 맘몬Mammon을 섬기는 실제적인 우상숭배다. 월스트리트(뉴욕 금융계 밀집 구역)와 케이스트리트(미국의 로비 집단 또는 백악관 근처의 거리 이름), 펜실베니아 애비뉴(미국 정부, 백악관에 이르는 길)에서는 권력보다 돈이 신神이다. 우리의 정책은 GDP를 극대화하기 위해 조직되어 있다. 재난이 닥치면, 우리는 언제 어디서나 쇼핑이 가능한 스마트폰을 통해 더 많은 물건을 사는 것으로 애국적인 의무를 다한다. 광고는 예수님의 가르침과는 정반대로 생명이 소유의 넉넉함에 있다고 믿도록 유혹한다(눅 12:15).

더 최악인 것은, 기독교인들조차 맘몬의 신전Mammon temples에서 무한한 번영을 꿈꾸며, 완전히 안주해버렸다는 것이다. "돈이 내 삶을 채워준다면 누가 상처를 입겠는가? 나는 경제성장에 기여를 하고, 우리 아이들을 명문 사립학교에 보내고, 춤과 노래를 가르칠 최고의 선생님을 구할 수 있다." 우리는 맘몬이 다른 우상들만큼 치명적이라는 것을 잘 인식하지 못한다. 머지않아 맘몬Mammon은 다른 모든 우상들과 마찬가지로 우리의 말문을 막고, 눈을 멀게 하며, 귀머거리가 되게 할 것이다.

이전 시대 그리스도인들은 맘몬의 실체가 무엇인지 잘 알고 있었다. 마르틴 루터Martin Luther는 칼 마르크스Karl Marx(1818~1883)도 저리 가라 할 정도로 거칠고 맹렬하게 시장의 기만을 비난했다. 루터는 "그들이 자유 시장을 그저 시체 구덩이와 강도의 소굴로 만들어 버렸다. 가난한 사람들은 매일 사기를 당하고, 새로운 부담을 짊어지며, 더 높은 가격을 지불해야 한다. 그들은 자기 물건을 원하는 만큼 비싸게 파는 것이 그들만의 특권이자 권리인 양, 독단적이고 폭력적이며 오만한 방식으로 시장을 오용한다"고 공격했다.[108]

맘몬을 산산조각 내버려야 한다. 그러나 **어떻게?** 당신의 모든 재물을 가난한 사람들에게 나누어 주는 것으로? 아니면 공동체나 수도원에 들어가는 것으로? 궁극적으로, 맘몬의 지배력은 우리가 가진 모든 것이 **하나님의 선물**이라는 것을 인정할 때 깨어진다. 우리의 소유는 우리의 것이지만, 선물의 형태를 띤다. 왜냐하면 성경은 '재산권'을 절대적인 것으로 보지 않기 때문이다. 고대 이스라엘에서, 땅은 50년마다 원래 주인에게 돌아간다(레 25장). 농부들은 그들의 밭에서 나는 수확을 전부 다 가질 수 없었으며, 땅이 없는 가난한 이들을 위해 밭의 네 모퉁이를 남겨 두어야 했다(레 19:9, 23:22).[109] 떨어진 이삭은 이삭 줍는 자들을 위해 남겨졌고, 떨어진 포도 역시 가난한 사람들을 위해 남겨 두었다(레 19:9-10). 땅에 떨어진 이삭을 모으는 것은 굶주린 자의 입에서 먹을 것을 훔치는 것이었다.

이 원리는 그리스도인들에게도 적용된다. 우리가 소유한

물건들은 성령으로부터 받은 선물과 같은 것이다. 그것들은 우리의 것이지만, 우리는 그것들을 육신의 성화를 위해 소유한다. 우리는 모든 것을 나누어 주지는 않지만, 모든 것을 축복을 위해 **사용한다**. 우리가 받은 물질적 소유는 '하나님의 정의'를 실현하기 위한 것이다.[110]

우리가 하나님의 보편적인 소유권을 고려한다면, 우리는 제8계명 안에 감추어진 타락과 구속의 이야기를 볼 수 있다. 하나님은 통치권을 가진 존재로 아담을 창조하셔서, 창조 세계의 모든 소유권을 부여하셨다. 유일하게 선악과만이 특별히 하나님께만 속한 것이었다. 아담이 그것을 도둑질함으로써, 아담의 모든 자녀들은 하나님의 성물을 훔치는 도둑이 되었으며, 다른 사람들의 소유를 해함으로써 하나님의 형상을 해하는 자들이 되었다.[111] 무엇보다도, 우리는 하나님으로부터 **우리 자신을** 훔쳤다. 우리 각자는 나 자신의 것이 아니다. 우리는 값으로 사신 바 된 자들이다(고전 6:19-20). 우리는 주님의 소유임을 뜻하는 이름을 가지고 있지만(제3계명), 우리 스스로 신이 되기를 원한다. 우리가 불순종할 때마다, 우리는 도둑질 하는 것이며, 신성을 모독하고, 하나님의 거룩한 소유를 남용하는 것이다.

하나님은 아담의 자손을 영원히 가두어두지 않으셨다. 하나님께서는 그 독생자를 보셨는데, 그분은 근본 하나님의 본

체시나 하나님과 동등 됨을 취하거나, 빼앗거나, 훔칠 것으로 여기지 않으셨다. 오히려 낮추시고, 내어주심으로 자기를 비우셨다. 그분은 부요한 자였으나 우리가 하나님의 부요함에 참여하게 하시려고 가난한 자가 되셨다. 그분은 훔치지 않았으나, 주셨다. 그분은 **우리가** 진 빚을 갚으셨다.

새 창조의 말씀을 통해, 자비로 가득한 이 마지막 아담의 영은 우리를 새로운 인간으로 만든다. "도둑질하지 말라"는 예수님의 인격을 묘사한다. 그래서 이 계명에 대한 순종은 복음에 대한 순종이며, 예수님의 수고와 자신을 선물로 내어주신 것을 본받으라는 부르심이다.

I
II
III
IV
V
VI
VII
VIII
IX
X

제 9 계명

네 이웃에 대하여 거짓 증거하지 말라.

I
II
III
IV
V
VI
VII
VIII
IX
X

"네 이웃에 대하여 거짓 증거하지 말라"

종종 기독교인들은 십계명을 개인 윤리의 영역으로 이해하고 '도덕률'처럼 읽는다. 물론 이 계명들은 각각 개인의 삶을 조정하고 다스린다. 그러나 여호와께서는 또한 자녀인 이스라엘이 시내산에서 받은 말씀대로 **공동체적** 삶을 살아가길 바라셨다. 새로운 창조의 말씀인 십계명은 이스라엘 백성의 **사회생활**을 하나님의 통치 아래 거하게 한다. 예배, 계시, 부모를 비롯한 권위들, 권력의 사용, 성생활이나 가정생활, 그리고 소유나 재물에 관한 것들은 모두 이 언약 안에 통합되어 있다.[112] 아홉번째 계명과 더불어, 정의의 법정이 눈 앞에 펼쳐진다.

제9계명은 '거짓말하면 안 된다'가 아니다. 좀 더 구체적이다. 이 계명은 법정에서 진실을, 즉 오직 모든 사실을 밝히고 진실만을 증언할 '증인'을 요구한다. 그들은 절대 '폭력적인 증인'이 되어서는 안 된다(출 23:1, 신 19:15-21). 이웃을 죽이거나 그의 명예를 훼손하기 위해 거대 권력을 휘두르는 거짓 증인은 마치 몽둥이와 칼과 예리한 화살과도 같다(잠 25:18). 우리의 이웃은 하나님의 형상대로 지어진 존재이기에, 우리는 당연히 이웃에 대해 진실을 말한다. 거짓 증언을 한다는 것은 그 사람에 대한 모욕이며, 하나님의 이름 또한 가볍게 여기고 모독하는 것이다.[113]

그 외에도, 토라Torah(율법)는 뇌물, 협박 등 다양한 형태의 부패를 다룬다(출 23:8, 신 10:17, 16:19, 27:25). 법원의 결정은 사회적 삶의 형태를 결정한다. 고착화된 관습에[114] 변화를 주고 보상과 벌점을 분배한다. 만약 법원의 결정이 돈이나 폭력에 의해 좌지우지된다면, 사회는 부유하고 권력 있고, 악의적인 사람들에 의해 통제될 것이다. 정의로운 사회가 되기 위해서는 진실이 사회를 만들어 가고, 참된 증언과 그에 따른 판결이 중심에 있어야 한다.[115]

제9계명에 사용된 히브리어 동사는 일반적으로 '대답하다answer'로 번역된다.[116] 문맥상, 이 단어는 '부르심에 응답하다answer a summons' 또는 '법정에서 제기된 질문에 대답하다answer a question posed in court'를 의미한다. 여기서 핵심은 인간의 언어가 곧 '응답하는' 언어라는 것이다. 우리는 모두 말할 줄 모르는 상태로 태어난다. 오직 듣는 것을 통해서만 말하는 법을 배운다. 그리고 아담이 하와에게 말하기 전에, 하나님께서 먼저 아담에게 말씀하셨다.

이러한 사실은 제9계명을 확장시킨다. 이것은 법원의 공식적인 절차뿐만 아니라 모든 상황에서 진실을 말할 것을 요구한다. 마르틴 루터Martin Luther가 말했듯이, 이 계명은 배신, 중상모략, 악의적인 소문의 확산을 금지한다.[117] 험담이나 소문은, 진실true 앞에서 사라질 수밖에 없다. 잠언은 혀를 지혜롭게 사용하는 것에 관한 주제가 많다. 말이 너무 많으면 위험하다(잠 10:8). 썩은 말과 은쟁반 위의 금 사과 같은 말의 차이는 타이밍이다(잠 25:11). 달콤한 말은 위험할 정도로 유혹적이지만(잠 5:3), 같은 이유로 그것은 왕을 설득할 수도 있다(잠 16:21, 22:11). 부드러운 말은 야망을 지닌 자가 마음을 훔칠 수 있게 한다(삼하 15:6, 압살롬 참조). 속임수는 "오늘따라 더 멋져 보이시네요"와 같은 뻔한 인사치레부터 가장 해로운 거짓말이라 여겨지는 아첨까지 인간 사회의 곳곳에서 돌고 돈다.[118] 거짓말로 죄를 짓는 사람은 들킬 것에 대비해 다음 거짓말을 준비해두고 이렇게 말한다. "나는 항상 거짓말로 이 상황을 모면할 수 있다."

제9계명은 우리 시대에 딱 맞는 말씀이다. 우리는 헛소문, 가짜뉴스fake news, 빈정거림, 무고, 중상모략, 명예훼손의 소용돌이에 휘말린다. 종종 온라인에서 익명성 뒤에 숨어 있는 키보드 워리어들이 단 악플에 상처받고 심지어 조리돌림을 당한다. 우리는 팩트체크를 할 수 없는 트윗과 페이스북 게시물에 좋아요를 누르거나 공유하기도 한다. 마르틴 루터는 제9계명이 우리가 다른 사람들에게 의심의 여지가 없도록 모든 것에 있어서 완전하고 흠이 없어야 함을 요구한다고 말했다. 우리는 트윗 싸움에서 이기기 위해 논쟁이 붙은 상대편의 어리석음이나 악의를 더욱더 부풀리고 과장한다. 대외적으로 십계명을 준수하는 교회들이라고 더 나을 것도 없다. 기독교인들도 정당한 절차나 상대방에 대한 배려와 관심 없이, 자신들과 조금이라도 신학적 견해가 다르면 사이비로 몰아붙이고 불태우기 위해 키보드 자판을 열심히 두드린다.

단순히 가치 중립적인 현대 기술의 부적절한 **사용**만이 문제가 아니다. 유튜브는 알고리즘을 통해 논란이 많은 영상을 더 자주 노출하며, 따라서 색다르고 자극적일수록 더 선호된다. 트위터는 모든 사용자가 '브랜드 경영' 게임을 즐기는 (대부분은 자랑인) 자기 PR의 매개체다.[119] 소셜 미디어가 제9계명을 범하도록 부추기는 것은 다분히 의도적이다.

거짓말은 어떤 문화의 일부로 자리잡을 수도 있다. 토라자Toraja 부족(인도네시아의 한 토착 부족) 사람들은 카누를 타고 떠날 때, 신들을 속이기 위해서 큰 소리로 **내일** 카누 여행을 떠날 계획이 있다고 말한다. 그들은 또한 아무리 예쁜 소녀라 해도 그녀의 외모를 칭찬하지 않는다. 신들이 질투한 나머지, 그녀의 얼굴을 개의 형상으로 흉측하게 바꿔 버릴까 두렵기 때문이다.[120] 우리는 이들의 원시적이고 미신적인 신앙을 비웃으면서도, 불과 얼마 전까지 수많은 동유럽 국가들이 거짓말을 일삼는 독재 정권의 통치하에서 살아왔다는 사실을 기억한다. 체코의 대통령 바츨라프 하벨Vaclav Havel(1936~2011)은 다음과 같이 회고한다. "이 정권은 자신의 거짓말에 사로잡혀 있기에, 모든 것을 조작해야만 한다. 이들의 행동은 과거를 조작하고, 현재를 왜곡하며, 미래를 날조한다. 물론 통계도 조작한다. 이들은 무소불위의 경찰 조직을 비밀리에 운영하면서, 인권을 존중하는 척하고, 어떤 누구도 탄압하지 않는 척을 한다. 두려워할 것이 없는 척, 즉 아무렇지도 않은 척하는 것이다." 소련USSR은 바츨라프 하벨과 요한 바오로 2세John Paul II와 같이 진실을 말하는 사람들이 "이 제국은 벌거벗었다"라는 단순하고 어린아이 같은 말을 입 밖에 내기 시작했을 때, 무너졌다.[121]

제9계명은 안식일에 관한 제4계명과 짝을 이룬다. 주일에 우리는 말씀과 설교를 통해 진리를 듣고, 진리를 노래하며, 진리이신 예수 그리스도를 고백한다. 예배의 모든 순서는 우리가 진리를 말하도록 훈련을 받는 과정이다. 이는 교회와 성도를 영원하신 아들을 통해 아버지의 자녀가 된, 진리로 사는 백성이 되게 한다.

솔직하게 말하는 것이 반드시 '좋은' 일만은 아니다. 그래도 우리가 똑똑히 보는 법을 배우고, '사랑'이란 경건한 핑계로 비겁함을 숨기는 습관을 깰 때, 진실을 말하는 사람이 되는 법을 배울 수 있다.[122] 여호와께서는 이스라엘 자손에게 형제를 미워하는 것을 금하신 직후(레 19:17), "네 이웃을 사랑하기를 네 자신 같이 사랑하라"(레 19:18)고 말씀하시기 직전에, "네 이웃을 반드시 견책하라"(레 19:17)고 말씀하셨다. 나단(삼하 12장)이나 엘리야(왕상 17–19장)와 같은 선지자들은 친절하지 않았다. 그들은 정말로 곧이곧대로 행했다. 그들은 권력을 향해 진실을 말했다. 그리고 그들의 신랄한 말에는 뽑고 파괴하며 파멸하고 넘어뜨리며 다시 심고 건설하는 능력이 있었다(렘 1:10 참조). 진실한 책망은 증오가 아닌 사랑의 표현이다. 당신이 진실을 말한다면 그것은 갈등을 불러일으키게 될 것이고, 그때부터 당신은 화평하게 하는 자로 부르심을 받게 될 것이다. 그러나 진정한 평화는 진실이 거짓 평화를 깨뜨려야만 얻을 수 있는 것이다.

여기서 우리는 오늘날 사회 이면의 무질서함을 발견하게 된다. 우리는 소셜 미디어에서 즐겁게 험담을 퍼뜨리면서도 조심스럽게 진실을 회피한다. 우리는 관대한 척하며, 방아

쇠를 당기는 것은 피하고 싶다고 말한다. 하지만 우리는 겁쟁이 중에서도 아주 혐오스러운 겁쟁이다. 우리가 진실을 말할 수 없다면, 진짜 악도 분별할 수 없다. 우리에게 문제를 언급하는 것이 금지된다면, 우리는 해결책도 제안할 수 없게 된다.

십계명의 후반부는 '이웃'에 대한 사랑을 다루지만, 제9계명에서 처음으로 그 모습을 드러낸다. 그것은 우리에게 이웃과의 관계에 대하여 말해 준다. 살인, 간음, 절도를 피하는 것은 우리에게 상당히 쉬울 수도 있다. 우리 중 대부분은 디너파티가 진행되는 동안 이웃과 주먹다짐을 하거나 은으로 된 포크를 주머니에 숨기지 않는다. 이웃과의 상호작용은 대부분 말로 이루어진다. 현명하게도, 이웃을 향한 우리의 사랑에 대한 주님의 첫 번째 시험은 "우리는 이웃에게, 그리고 이웃에 대하여 어떻게 말할 것인가?"이다.

제9계명은 우리에게 이웃이나 '친구'에게 거짓으로 대답하는 것을 금하고 있다. 그렇다면 원수에 대해서는 어떠한가? 거짓 증언으로 응답해도 되는가? 아우구스티누스St. Augustinus는 원칙주의자였다. 거짓말을 하는 것은 결코 정당화되지 않는다.[123] 그러나 성경의 영웅들은 종종 적들을 속인다. 히브리 산파들은 갓난아기를 보호하기 위해 거짓말을 했다(출 1장). 라합은 이스라엘 정탐꾼들을 보호하기 위해 자기 나라

왕의 병사들을 배반했다(수 2장, 약 2장 참조). 야엘은 시스라에게 안전한 장막을 제공해주는 척하면서 장막 말뚝으로 그의 두개골을 쪼개버리려 했다(삿 4장). 앞서 거짓말을 하는 여자들 뒤에는, 다윗도 있었다. 그는 사울, 아기스 등으로부터 도망치기 위해 거듭 속임수를 썼다. 이런 정의로운 거짓은 모두 전시戰時에 일어났으며, 전형적으로 무고한 생명을 보호하기 위해 사용되었다. 이것들은 하나님의 정의를 반영한다. 태초에, 뱀이 하와를 속여 선악과를 먹게 했다. 그로부터 새로운 하와들은 뱀의 머리를 상하게 함으로써, 눈에는 눈, 거짓에는 거짓으로, 갚아주게 되었다(창 3:15 참조).

그러나 이러한 것들은 예외일 뿐이다. 진실한 말은 사랑의 행위이며, 우리는 친구뿐만 아니라 원수도 사랑해야 한다. 모든 일반적인 상황에서, 우리는 원수의 선행을 축소기키거나 그들의 잘못을 과장하지 않고 진실을 말해야 한다.

다른 계명들과 마찬가지로, 아홉 번째 계명은 참되고 신실한 증인이신 예수님에 관한 것이다. 그분은 이 땅에 사시는 동안 진실을 말씀하셨고, 그로 인해 적들의 살인적인 분노를 불러일으키셨다. 그분은 회의적이었던 빌라도에게도 진실을 말씀하셨다. 그분은 우리 안의 소망에 대하여 진실하게 증언할 증인으로써 우리를 부르셨다. 그분은 어떤 대가를 치르더라도 진리를 말하고, 진리를 목숨보다 사랑하도록 우

리를 부르셨다. 제9계명을 통해 예수님은 우리를 순교자로 부르신다.[124]

순교자는 패배자가 아니다. 순교는 불멸不滅이다. 순교자는 세상을 뒤흔들고 세상을 새롭게 하는 희생의 길을 향해 가면서, 세상을 뒤흔드는 진리를 말한다. 제9계명은 창조주의 명령이다. 그분은 우리 입술과 혀의 주인이시다. 마지막 심판 때에(이전에는 그렇지 않았다면), 진실은 반드시 밝혀질 것이며, 누가 진실한 증인인지도 가려질 것이다. 이것이야말로 '진실한 증인'에 대한 주님의 약속이자 맹세다.

I
II
III
IV
V
VI
VII
VIII
IX
X

제 10 계명

네 이웃의 집을 탐내지 말라.

“네 이웃의 집을 탐내지 말라”

제10계명은 문체적[文體的]으로 흥미로운 점이 있다. 제6~8계명은 히브리어 동사에 부정어[not]를 결합해서 '~하지 말라'는 형태의 두 단어로 구성되어 있다. 제9계명은 비교적 긴 다섯 개의 단어로 구성되어 있다. 그리고 마지막 열 번째 계명은 두 번째 돌판의 모든 계명을 다 합친 것(총 11개)보다 더 많은 단어(15개)로 구성되어 있다. 사실은 그렇게 길게 쓸 필요는 없었다. 탐내지 말라는 말을 두 번 반복하고, 이웃의 재물을 집/아내, 남종/여종, 소/나귀의 세 쌍으로 나열한 다음, 일곱 번째 '무엇이든'으로 목록을 완성한다. 왜 딱 잘라 “네 이웃의 것은 무엇이든지 탐내지 말라”고 말씀하지 않으셨을까? 같은 동사를 두 번 반복해서 쓰고 목적어를 쭉 나열하는 구조가 제4계명을 떠올리게 한다. 문체적 유사성은 무언가 실질적인 연관성이 있음을 암시한다. 즉, 우리는 탐욕스러운 욕망을 억제함으로써 안식일에 쉴 수 있다.

제10계명은 신명기 5장에서 상당히 다른 형태로 나타나는 두 계명 중 하나이다. 출애굽기 20장에서 안식일 명령은 창조에 뿌리를 두고 있는 반면, 신명기에서 안식일 명령은 여호와께서 이스라엘을 애굽에서 구원하신 것을 근거로 지키도록 한다. 제10계명의 변화는 더 미묘하다. 출애굽기에서는 이웃의 집을 탐내는 것을 금지하고, 그다음에 그의 아내를 탐내는 것을 금지한다. 신명기는 이 순서를 반대로 한다. "네 이웃의 아내를 탐내지 말지니라 네 이웃의 집이나 …"(신 5:21). 출애굽기는 아내를 가정의 일부로 취급하고, 신명기는 집보다 아내를 더 중요하게 여긴다.

이러한 변화는 토라Torah의 발전과 성경 속 전반적인 역사의 움직임, 즉 여성의 위상이 격상된 것과 일치한다. 민수기의 첫 번째 인구조사(민 1장)에서는 싸움에 나갈 수 있는 장정들만 조사하지만, 두 번째 인구조사는 출애굽 1세대가 광야에서 죽은 후에 수행되었으며, 여자와 아이들을 포함한 '가족' 단위로 계수하였다(민 26장). 민수기는 슬로브핫의 딸들의 유산에 관한 모세의 판결을 반복하는 것으로 끝맺는다(민 36장). 다른 언약들도 먼저 '남편'에 해당하는 단계가 있고, 그다음에 두 번째 여성의 단계로 이어진다. 즉, 처음에는 엘리야 홀로, 그 다음에는 엘리사와 그의 선지자 무리가, 처음에는 예수님이, 그다음에는 사도들과 교회가 이어진다. 성경의 역사적 흐름과 성경 속 각각의 단계는 아담으로부터 아담과 하와로, 마지막 아담으로부터 마지막 아담과 그분의 신부로 이어진다.

제10계명은 '욕망'을 조절한다. 탐심은 시기 질투와 같지 않다. 질투심은 왜곡되면 비참해지지만, 적절할 경우 자신의 것을 지키기 위한 보호 행위가 된다. 시기심은 다른 사람의 성공이나 부에 대한 강력한 미움으로서, 언어적 또는 신체적 폭력에서 출구를 찾는다. 물론, 시기심이 있는 사람이라 해서 모두 물리적으로 그의 이웃의 멋진 집을 훼손하거나 사업을 망쳐놓는 것은 아닐 것이다. 그러나 그는 모든 기회를 동원해 그의 이웃을 헐뜯고, 그의 집을 평가절하할 것이다. 질투로 인한 사재기, 시기로 인한 살인, 탐욕으로 인한 도둑질이 바로 그런 행동들이다.

사람의 몸과 마찬가지로 사회도 서로 다른 부분이 전체에 기여할 때 번영한다. 눈은 보는 것으로 몸을 섬기고, 손은 움켜쥐는 것으로, 다리와 발은 걸음으로써 봉사한다. 건강한 사회에서는 지혜와 권위와 경험이 존중받을 것이다. 제5계명은 우리가 이러한 위계질서를 존중하고 지킬 것을 요구한다. 그러나 탐욕, 시기, 질투는 이러한 각자의 사회적 역할을 약화시킨다. 탐욕스러운 손은 눈의 시력을 탐하고, 시기하는 귀는 온몸이 귀가 되기를 원한다.

욕망은 인간의 존재를 이해하는 성경적 인간론의 기본이다. 우리는 생각을 하지만, 생각이 우리의 주기능이 아니다. 인간은 **갈망하는** 존재다. 동물처럼, 아담도 '생령'으로 지어졌다(창 2:7, 1:20–21, 24, 30 참조). 우리의 영혼은 욕망에 따라 움직이며 우리를 행동하게 한다(삼상 23:20, 욥 23:13, 전 6:2, 9). 성적 욕망은 영혼의 갈망이며(창 34:8), 영혼에서 배고픔과 목마름이 나오고(시 107:9), 하나님의 임재를 사모하는 것 또한 영적인 갈망이다(시 42:1–2, 63:1, 84:2, 143:6, 사 26:9). 이탈리아의 시인 단테Dante가 옳았다. 우리가 하는 모든 일은 적절하든 적절하지 않든 사랑에 의한 것이다.[125] 욕망은 인간의 삶에 동력을 불어넣는 힘이다.

욕망은 갈망하는 것을 이뤘을 때, 느끼는 만족감과 불가분의 관계에 있다. 눈은 판단하고 평가하는 기관이다. 하나님은 선악과를 '보기에 탐스럽게'(창 2:9) 만드셨고, 하와는 선악과가 지혜롭게 할 만큼 탐스러운 것을 '보고', 그것을 먹었다(창 3:6). 욕망은 욕망의 대상이 되는 물건, 곧 음식이나, 성적 매력이 있는 사람, 옆집의 반짝이는 포르쉐 등을 소유해 자신의 일부로 만들도록 휘몰아친다.

성경은 파괴적이고 위험한 욕망의 힘을 인정한다. 그래서 기독교는 왜곡된 욕망에 대해 경고하기 위해 죽음에 이르게 하는 일곱 가지 대죄라는 개념을 발전시켜 왔다. 그러나 욕망이 악한 것은 그것이 단순히 강력하기 때문이 아니다. 하와가 선악과를 탐하여 그것을 취한 것과 세겜이 디나를 탐하여 유혹한 일(창 34장), 그리고 아간이 여리고의 보물을 탐하여 여호와의 것을 훔쳤던 사건(수 7:21)처럼, 우리의 욕망이 잘못된 대상을 향하거나 선한 것에 대한 가치판단이 왜곡되었을 때 악한 것이 된다. 악한 욕망은 올무를 놓는다(예를 들어, 신 7:25). 바울이 탐심을 우상숭배라 말한 것이 바로 이 때문이다(골 3장). 우리의 영혼은 우리가 결코 만족할 수 없는 헛된 곳에서 만족감을 찾도록 부추긴다.

우리가 욕망을 통제할 수 있다는 생각은 크나큰 착각이다. 욕망의 흐릿한 표면만 보고도 분별하는 법을 배우는 것만이 올무를 피할 수 있는 유일한 방법이다. 어리석은 여인의 아름다움이 사실은 죽음의 가면이라는 것을 깨달을 때, 올무를 피하게 된다(잠 6:25). 성경은 욕망을 지배하거나 통제하거나 죽이는 방법을 가르치지 않는다. 욕망은 우리가 **성숙해가는** 과정이며, 성령의 인도하심을 따라 **열정을 가지고** 진정한 보화와 영원한 영광을 구하며 나아가야 한다.

우리는 다른 사람들의 욕망을 모방하고, 때로는 마치 전

염병에 걸린 것 마냥 그들의 욕망을 뒤쫓아 간다.[126] 욕망은 우리의 영혼에 영향을 미치는 문화, 제도, 정치 등 다양한 형태를 취한다. 오늘날의 소비문화는 애초에 바람직하지 못한 욕구를 불러일으키도록 구조화되어 있다. 길거리의 화려한 광고들은 이런저런 음식이나 음료, 공연, 자동차, 휴가와 같은 것들이 사람을 행복하게할 만큼 매력적이라고 우리를 설득한다. 영국 작가 페르디난드 마운트Ferdinand Mount가 지적한 바와 같이, "죽음에 이르게 하는 일곱 가지 대죄大罪"가 오늘날에는 잘 포장되어서 우리의 마음을 현혹하고 흔들어댄다. '탐욕'은 힐링healing 소비라는 이름으로, '나태'는 휴식downtime 으로, '정욕'은 개인의 성적 취향sexuality 으로, '분노'는 감정feelings 의 해방으로, '허영심'은 당신이 가치worth를 부여하는 멋진 모습으로, '탐식'은 미식가들의 종교religion로 탈바꿈하고 있다.[127] 한때 기독교인들이 죽음에 이르는 욕망으로 여겼던 것이, 이제는 이 세상을 돌아가게 하는 매우 중요한 요소가 되었다.

더욱더 교묘하게도, '대중문화'는 우리가 자신의 욕망을 자유롭게 추구해도 된다고 생각하도록 부추긴다. 우리는 우리 자신이 갈망하는 것을 욕망한다. 내가 직접 선택했기 때문이다. 좀 더 직접적으로 말하자면, 우리는 우리 안에 존재하는 갈망 때문에 욕망을 가질 수 밖에 없다는 것이다. 이러한 절대적 자유 개념은 자기모순이다. 우리의 문화적 사고방식에서, 자유가 우리의 드러난 의지와 욕망을 뛰어넘는 무엇인가에 의해 제한된다면, 자유는 더이상 절대적인 것이 아니다. 그러나 욕망은 **그 자체가** 한계성을 가지고 있다. 나는 배가 고프거나 목이 마르면 음식이나 음료와 같은 **특정한** 것에서 만족을 찾는다. 성적 욕망은 성적 만족을 추구한다. 욕망은 우회적으로 표출되거나, 억압되거나, 숨겨질 수는 있지만, 그것은 언제나 동일한 구조를 유지한다. 욕망은 궁극의 목적telos에 도달할 때에만 끝이 난다. 그러나 "내가 원하는 것은 무엇이든 할 수 있는 자유"는 이 구조를 망가뜨리고, 끝없는 욕망을 남긴다.

욕망은 오로지 하나의 대상을 향할 때만 자유롭다. 러시아 시인 베라 파블로바Vera Pavlova는 이것을 한편의 아름다운 시로 표현했다.

> 사랑에 빠진 나는,
> 비로소 자유를 얻는다.
> 마음 가는 대로, 즉흥적인 사랑의 표현으로.
> 영혼은 충만할 때 가볍고,
> 공허할 때 무겁다.
> 내 영혼은 가볍다.
> 혼자서 그 고통의 춤을 추는 것을,

> 그녀는 두려워하지 않는다.
> 나는 당신의 옷을 입고 태어났기 때문에,
> 그 옷을 입고 죽음으로부터 나올 것이다.[128]

파블로바는 "나는 … 비로소 자유롭다"라는 표현을 통해 존재와 자유를 연결한다. 특정한 경험이 그것들을 연결시킨다. 바로 사랑이다. 파블로바는 모든 세대의 냉소주의자들과는 달리, 사랑은 속박이 아니라 해방이 될 수 있다고 주장한다. 사랑으로 인해 해방된 그녀는 '마음 가는대로' 그리고 '즉흥적인 사랑의 표현'으로 자유롭게 살아간다. 그녀의 자발성은 자발적으로 만들어진 것이 아니다. 그것은 사랑의 결속에서 나온 부산물이다.

시가 이어지면서, '마음'이 '영혼'으로 변주되고, 시인은 영혼과 육체의 역설적인 모습을 보여준다. 가득 찬 몸은 무겁고 텅 빈 몸은 가볍다. 반대로, 영혼은 충만할수록 무거워지는 것이 아니라, 오히려 가볍고, 경쾌하며, 더 우아해진다. 사랑은 영혼을 가볍게 해서 마음 가는 대로 살 수 있게 해주는 반면, 사랑 없는 영혼은 과식한 배처럼 무겁고 세속적이다. 심지어 죽음이 다가와도 사랑하는 자의 영혼은 짓눌리지 않는다. 사랑은 그녀가 사랑하는 연인의 옷을 입고 죽음으로부터 그녀를 구해 줄 것이다.

욕망은 제한되어 있음에도 **불구하고** 자유해야 하는 것이 아니라, 제한되어 **있기 때문에** 자유로운 것이다. "당신의 마음을 따라가라"는 조언은 지나가는 모든 아름다운 것들에 눈이 휘둥그레지는 누군가(그의 공허한 영혼은 새로운 트윗이 올라올 때마다 흩날린다)를 꼼짝 못하게 사로잡는다. 마음 가는 대로 사는 자유함은 이미 마음을 빼앗긴 사람에게만 주어진다. 사랑하는 사람만이 허무주의와 별반 다르지 않는 맹목적인 자유로 기울어지지 않고 진정으로 자유롭게 행동할 수 있다.

우리는 아우구스티누스Augustinus의 영역 안에 있다. 여기서 핵심은 우리의 사랑이 우리의 절제된 사랑을 받을만한 것들로 향하도록 욕망에 **올바른** 질서를 부여하는 것이다. 그의 관점에서, 우리는 우리의 욕망이 훈련되어 있을 때에만, 그리고 자기애로부터 출애굽하여 적절한 사랑의 대상을 받아들일 때에만 진정으로 자유할 수 있다.

여호와는 그분의 자녀 된 이스라엘을 해방시키셨다. 그분은 자녀들이 폭군적인 신들로부터 자유로우며, 우상으로부터 자유롭고, 기뻐할 자유와, 폭력, 유혹, 도둑질, 소문, 험담에 대한 두려움으로부터 자유로워지기를 원하셨다. 그러나 이러한 자유는 오직 이스라엘의 영혼이 진정한 부요함에 매여 악한 욕망으로부터 자유할 때에만 성취될 수 있다.

이것은 율법이 줄 수 있는 것이 아니다. 자유는 명령하고 권면하는 것으로 주어질 수 없다. 아우구스티누스Augustinus는 바울을 언급하면서(롬 7장) 율법이 율법을 어기고자 하는 욕망을 불러일으킨다고 지적했다. 우리는 율법이 우리의 욕망을 드러내기 전까지는 그 욕망이 악한 줄도 알지 못한다. "너희가 그 속에 있는 것을 이기기 위해 애쓰니, 감추인 것이 드러났느니라."[129]

하나님의 참된 자녀가 되려면, 시내산을 지나 또 한 번의 성령강림절, 즉 성령님께서 사람의 마음에 새겨주시는 날이 필요하다. 그때 우리는 "네 보물이 있는 그 곳에는 네 마음도 있느니라"(마 6:21)는 예수님의 가르침을 성취할 것이다. 그것은 하나님의 아들로서 자유로운 삶을 사셨던 예수님을 묘사한다. 예수님의 영혼은 아버지의 기쁨에 굶주리고 목말랐다. 제10계명에서, 그분은 우리를 자신과 같은 자유함으로 부르신다. 인생은 보물찾기다. 우리는 우리의 영혼을 가볍게 할 묵직한 보물을 발견한 곳에서 우리의 마음 둘 곳을 찾게 될 것이다.

I
II
III
IV
V
VI
VII
VIII
IX
X

옮긴이의 말

피터 레이하트Peter Leithart의 「십계명」을 번역하면서, '십계명'에 대하여 일반적으로 가지고 있는 편견이 깨어지는 것을 경험했다. 그가 이야기하는 십계명은 율법적이거나 문자적이지 않다. 그의 이야기를 따라가다 보면, 오히려 이 말씀들을 성취하신 예수님을 인격적으로 만나게 되고, 하나님의 자녀로서 영적인 소속감을 회복하게 된다.

그렇다고 해서 그가 십계명의 율법적인 측면을 간과하는 것은 아니다. 간음하지 말라는 제7계명을 다루면서 사회적으로 매우 민감한 부분임에도 불구하고 인간의 성적 욕망에 대하여 성경적인 입장을 단호히 밝힌다. 또한 인간의 근본적인 욕구와 맞닿아 있는 탐심에 대하여 이야기하면서도 주저함 없이 교묘하게 포장된 현대인의 죄성을 명확히 지적한다.

이러한 차원에서 십계명은 규율과 명령 이전에 우리를 향한 하나님의 부르심이며, 초청장이다. 하나님께서는 십계명을 통해 이스라엘 백성과 오늘 우리를 하나님의 자녀로 부르신다. 그 부르심을 성취하고 완성하신 분이 우리 주 예수 그리스도시다. 예수님을 통해 우리는 비로소 십계명 너머에 실제로 존재하는 하나님의 나라와 하나님의 자녀들의 자유롭고 사랑으로 충만한 삶을 보게 된다. 그렇기 때문에 십계명은 절대로 폐기된 과거의 율법이 아니라 오늘날에도 유효한 하나님의 언약이 된다.

우리가 예수 그리스도를 중심으로 한 하나님 나라의 공동체를 세우고자 한다면, 반드시 이 십계명에 귀를 기울여야 한다. 사람들은 중요한 일을 앞두고 날짜를 세거나 시간을 확인한다. 빠뜨리는 것은 없는지 확인하고 일정이 서로 충돌되지 않도록 조율하는 것이다. 중요한 일일수록 이렇게 타이밍을 맞추는 것이 매우 필수적이다. 우주로 향하는 로켓을 발사할 때도 반드시 카운트다운을 한다. 카운트다운이 하나씩 진행될 때마다 지켜보는 사람들의 긴장감과 기대감이 고

조된다. 하지만 카운트다운의 진짜 목적은 극적인 긴장감을 통해 사람들에게 카타르시스를 주는 것이 아니다. 카운트다운의 진짜 목적은 로켓을 발사하는 아주 정교하고 복잡한 과정을 완벽하게 진행하기 위해 서로 타이밍을 맞추는 것이다. 타이밍이 정확하게 맞아 떨어질 때 로켓은 우주를 향해 멋지게 날아오르게 된다. 십계명은 하나님 나라로 향하는 영적인 카운트다운과 같다고 생각한다. 여기에 귀를 기울일 때, 하나님의 자녀들은 하나님과 타이밍을 맞추고 서로 한 마음이 되어 날아오르게 될 것이다.

이렇게 '십계명'에는 우리를 하나님의 자녀로 회복시키고 하나님의 나라를 이루게 하는 영적인 지혜가 가득하다. 그런 의미에서 「크리스천 에센셜」 시리즈의 세 번째 책인 「십계명」을 국내 독자들에게 소개한다는 것은 큰 기쁨이다. 간절히 바라기는, 이 책이 널리 읽혀서 이전에 맛보지 못했던 영적인 감격과 변화의 물결이 오늘의 한국교회와 성도들에게 충만하게 흘러넘치게 되기를 기대한다.

피터 레이하트의 「십계명」을 번역하면서 하나님이 보내주신 천사 같은 분들의 격려가 큰 힘이 되었다. 먼저는 이 보화를 발견하여 귀한 사역에 함께할 수 있도록 손을 내밀어준

솔라피데출판사에 감사한다. 매순간 아낌없는 격려를 보내주신 이원우 대표님과 번역의 부족함을 메우고 풍부함을 더해준 상영 형제의 세심한 배려가 큰 힘이 되었다. 이번에는 특별히, 번역 기간 내내 부족했던 신학적 깊이와 안목을 키워주시고 뜨거운 마음으로 작업할 수 있도록 영감을 불어넣어 주신 목회자 펠로십 과정의 이학준 교수님과 송인서 교수님, 신웅길 교수님을 비롯한 교수진들께 깊이 감사드린다. 또한, 늘 한결같은 지지로 함께 해준 아내 전은영 사모와 사랑스러운 세 아이, 지안, 고은, 가은에게 한없는 고마움과 사랑의 마음을 전한다. 그리고 무엇보다, 「십계명」으로 「크리스천 에센셜」 시리즈를 이어갈 수 있도록 모든 상황을 허락하신 전능하신 나의 아버지 하나님께 진심으로 영광과 찬송을 올려드린다.

미주

1. 크리스토퍼 세이츠와 칼 브라텐의 저서 *I Am the Lord Your God: Christian Reflections on the Ten Commandments* (Grand Rapids: Eerdmans, 2005), 18–38.에서 "The Ten Commandments: Positive and Natural Law and the Covenants Old and New—Christian Use of the Decalogue and Moral Law"파트를 참조.
2. "여호와(Yahweh)"는 하나님의 이름이며, 또한 YHWH로도 표현됨. 종종 LORD나 Lord로 표현되기도 함. 제목이 아닌 고유한 이름이기 때문에 번역하기로 한다.
3. 알렉산드리아의 클레멘트(Stromata 6.16)는 하늘과 땅과 인간 본성에 관한 "십계명"을 나열하면서 10개 계명을 창조와 연관 짓는다.
4. 오리게네스는 시내산 3일째를 창세기 8장 4절에 관한 Homilies에서 예수님의 부활과 연관 짓는다.
5. 빅터 해밀턴, *Exodus: An Exegetical Commentary* (Grand Rapids: Baker Academic, 2011), 64.
6. 16세기 영어에서 "thou"는 단수형 "you" 또는 "ye" 복수형이었다.
7. 여호와께서 아담에게 내리신 명령은 에덴동산에서도 전달되었다

(겔 28:13–14).
8. 에드워드 그린스타인, "The Rhetoric of the Ten Commandments," *The Decalogue in Jewish and Christian Traditions, ed. Hennig Graf Reventlow and Yair Hoffman* (London: T&T Clark, 2011), 11.과 스탠리 M. 하우어워스와 윌리엄 H. 윌리몬, *The Truth about God: The Ten Commandments in Christian Lifeb* (Nashville: Abingdon, 1999), 19.을 참조.
9. 토마스 아퀴나스는 부정이 긍정보다 더 개방적이라고 언급한다. " 하얗다"라고 말하면, 검은색을 거부하게 된다. "검은색이 아니다" 라고 말하면 흰색, 빨간색, 파란색, 노란색 또는 주황색이 될 수 있다(*Summa Theologiae* I–II, q. 100, art. 7).
10. 존 웨슬리는 히브리어를 율법에 적용한다. 즉, 십계명은 "예수님의 영광의 표현된 형상"이다. 웨슬리는 십계명이 하나님의 미덕과 지혜의 시각적 형태라고 결론을 내린다. Quoted in D. Stephen Long, "John Wesley," *in The Decalogue through the Centuries: From the Hebrew Scriptures to Benedict XVI*, ed. Jeffrey P. Greenman and Timothy Larsen (Louisville: Westminster John Knox, 2012), 174. 알렉산드리아의 클레멘트는 알파벳 숫자를 통해 시각적으로 설명하고자 한다. 즉, yod는 히브리어 문자의 11번째 글자이며 "Jeshua"의 첫 번째 글자이다. 따라서 십계명은 예수님의 말씀이다(Stromata 6.16).
11. 아우구스티누스, *Against Faustus* 22.24.
12. 이레니우스, *Against Heresies* 4.16.6.
13. 아우구스티누스, *Sermon* 155.6.
14. 2019년 1월 7일에 테오폴리스연구소에서 내가 논한, "Don't Do, Don't Desire,"을 참조. https://theopolisinstitute.com/leithart/dont-do-dont-desire.
15. 토마스 아퀴나스는 아우구스티누스의 견해에 동의했다. *Summa Theologiae* I–II, q. 100, art. 4.
16. 오리게네스, *Homily* 8 on Exodus.
17. 아우구스티누스의 견해를 옹호하기 위해, 제이슨 드라우치,

"Counting the Ten: An Investigation into the Numbering of the Decalogue," in *For Our Good Always: Studies on the Message and Influence of Deuteronomy in Honor of Daniel I. Block*, ed. Jason S. DeRouchie, Jason Gile, and Kenneth J. Turner (Winona Lake, IN: Eisenbrauns, 2013), 93–125. 를 참조함. 2019년 2월 18일에 테오폴리스연구소에서 발표한 나의 "Counting to Ten,"을 참조. https://theopolisinstitute.com/leithart/counting-to-ten.

18. 아를의 케사리우스, *Sermon* 100a.
19. 메러디스 클라인, "The Two Tables of the Covenant," Westminster Theological Journal 22 (1960): 133–46.
20. 소우 필로, De Decalogo, cited in Paul Grimley Kuntz, *The Ten Commandments in History: Mosaic Paradigms for a Well-Ordered Society* (Grand Rapids: Eerdmans, 2004), 16–17.
21. 히브리어는 각 문자가 숫자 값을 가지고 있다. 게마트리아(gematria)는 한 단어의 철자들의 숫자 합이다. 26은 "YHWH"의 게마트리아이다.
22. 처음 다섯 단어는 자체적인 교차대구법의 단위를 형성한다: 피터 레이하트, "Chiasm of Five Words," 테오폴리스연구소, 2018년 11월 29일, https://theopolisinstitute.com/leithart/chiasm-of-five-words.
23. 에드워드 닐슨, *The Ten Commandments in New Perspective* (Naperville, IL: Alex R. Allenson, 1968)을 참조.
24. 두 천사가 소돔을 방문하고, 모세와 아론이 바로 앞에서 증인이 되며, 엘리야와 엘리사는 아합에게 회개하라 소리치고, 그리스도께서 십자가에 못 박히신 곳에 두 증인이 나타난다(계 11장).
25. 저스틴, *Dialogue with Trypho the Jew* 93.10.
26. 이레나이우스, *Against Heresies* 4.16.3–4.
27. 아우구스티누스, *On Faith and Works* 11.17.
28. 베른트 반넨베취는 각 계명 속에 다른 계명들이 내재하는 십계명

의 "페리코레시스적(perichoretic, 삼위일체의 속성)" 특성에 관해 이야기한다("You Shall Not Kill," 148). 각각의 계명을 전체의 '관점'에서 본 존 프레임의 *The Doctrine of the Christian Life* (Phillipsburg, NJ: P&R, 2008)도 참조.

29. 마르틴 루터, 창세기 39장 15절에 관한 설교 (WA 44:369.5–6), 반넨베취의 "You Shall Not Kill," 162n46을 인용.
30. 이 문구는 G. K. 빌의 말에서 따옴, *We Become What We Worship: A Biblical Theology of Idolatry* (Downers Grove, IL: IVP Academic, 2008), 41.
31. 토마스 아퀴나스, *Summa Theologiae* I–II, q. 100, art. 6.
32. 마르틴 루터, *Large Catechism, in The Book of Concord*, ed. Robert Kolb and Timothy J. Wengert (Minneapolis: Fortress, 2000), cited in Timothy J. Wengert, "Martin Luther," 109. 마르틴 루터의 Freedom of the Christian: "행함이 아니라 믿음으로써, 하나님을 찬양하고 그분은 신실하시다는 것을 인정한다. 따라서 믿음으로만 그리스도인은 의로울 수 있으며, 모든 계명을 이행할 수 있다. 첫째 계명을 지키는 사람은 나머지 모든 것을 이행하는 데 어려움이 없기 때문이다" (LW 31:353)도 참조.
33. 모쉐 할베르탈과 아비샤이 마르갈리트의 *Idolatry*, trans. Naomi Goldblum (Cambridge, MA: Harvard University Press, 1992), 우상숭배의 개인–관계적 요소를 강조한다.
34. 마르틴 루터, *Small Catechism*, 제1계명에 대한 설명.
35. 이 문단은 데이비드 폴리슨의 "Idols of the Heart and 'Vanity Fair,'" *Journal of Biblical Counseling* 13, no. 2 (1995): 35–50을 참조.
36. 데이비드 하트, "God or Nothingness," *I Am the Lord Your God: Christian Reflections on the Ten Commandments*, ed. Carl E. Braaten and Christopher R. Seitz (Grand Rapids: Eerdmans, 2005), 57–58.
37. 클레멘트, *Stromata* 6.16.

38. 오리게네스, *Exhortation to Martyrdom* 9.
39. 따라서 두 번째와 일곱 번째 계명은 서로 일치하는데, 이는 첫 번째 돌판의 다섯 계명이 두 번째 돌판의 계명들과 일치함을 암시한다. 모쉐 할베르탈과 아비샤이 마르갈리트는 간음죄가 성경에서 우상숭배에 대한 주요한 형태라고 본다(*Idolatry*, trans. Naomi Goldblum [Cambridge, MA: Harvard University Press, 1992]).
고대 세계에서는 우상은 또한 정치적으로도 사용되었다. 여호와께선 이스라엘이 우상 숭배자들과 동맹을 맺는 것을 금지하셨다. 개리 노스, *The Sinai Strategy: Economics and the Ten Commandments* (Tyler, TX: Institute for Christian Economics, 1986), 29 - 38을 참조.
40. 루터는 심지어 귀를 기독교적 기관(器官)이라고 불렀다. 히브리서 10장 5절에 관한 설교 (LW 29:224)를 참조.
41. 가이 디보드, *Society of the Spectacle*, trans. Ken Knabb (London: Rebel Press, 2004).
42. 할베르탈과 마르갈리트, *Idolatry*, 37 - 66.
43. 마르틴 루터, Large Catechism in Book of Concord. 루터의 순서에 따르면, 이 축복과 저주가 제1계명에 속해 있다.
44. '아브라함과 이삭과 야곱의 하나님'은 거의 여호와의 성(姓)이다.
45. 오리게네스, *On Prayer* 24.2 - 3.
46. 에우세비오(*Proof of the Gospel* 5.16.243)는 십계명에서 부자(父子) 관계를 확인한다. 여호와께선 처음에 자신을 "나 여호와"라고 말씀하시고, 그다음에 3인칭으로 자신의 이름을 말씀하신다. 에우세비오는 "두 번째 여호와께서 종들에게 아버지에 대해 신비롭게 가르치신다"라고 썼다.
47. 패트릭 밀러가 *The Ten Commandments*에서 해석, 교회에서의 성경 활용을 위한 자료 (Louisville: Westminster John Knox, 2009), 65, 68.
48. 하우어워스와 윌리몬, *Truth about God*, 47.
49. 밀러, *Ten Commandments*, 82, 87, 97.

50. '나르다(bear)'라는 동사는 출애굽기 19장 4절에서 사용되며, 여호와께서는 이스라엘을 독수리의 날개로 시내산까지 '운반했다(carried)'고 말한다. 그분이 그들을 품었으므로, 그들도 그분을 품어야 한다. 출애굽기의 다른 곳에서는 그 동사는 '용서(forgive)' 또는 '사면(pardon)'를 의미한다(출 32:32, 34:7). 여호와께서 이스라엘의 죄악을 없애버렸고, 이것이 그들이 여호와의 이름을 갖게 된 이유이다.
51. 에브라임 래드너는 "*Taking the Lord's Name in Vain*, 77–84."에서 이러한 변화를 탐구했다.
52. 에브라임 래드너의 "*Taking the Lord's Name in Vain*", 84–94을 반복한다.
53. 라바누스 마우루스, *Commentary on Exodus*, 래드너가 "*Taking the Lord's Name in Vain*", 92에서 인용.
54. 이 문단은 라몬 룰르의 *De proverbiis moralibus, tertia pars caput VIII–Caput XVII, tome II*에서 따옴, in *Opera omnia* 42 (Mainz, 1721; repr., Frankㅎfurt am Main: Minerva, 1965), Kuntz, *Ten Commandments in History*, 53을 인용.
55. 밀러, *Ten Commandments*, 118.
56. 아우구스티누스, *Sermon* 8.6; *Letter* 55; *Tractate on John* 20.2.
57. 아를의 케사리우스, *Sermon* 100.4.
58. 아우구스티누스, *Sermon* 179a.
59. 비드, Homilies on the Gospels 2.17.
60. 칼 바르트, *Church Dogmatics* III.4, §53.1 (p. 72) 참조: "주일에 자신을 내려놓는(self-renouncing) 예배를 드리는 사람은 평일에도 똑같은 신앙으로 살아갈 것이다. 그는 자기 일의 주인처럼, 그렇다고 노예처럼도 일하지 않고, 한 주간 성실하고 근면하게 일할 것이다. … 한 주간 동안, 그는 물질적, 영적, 개인적, 또는 집단적 맘몬(Mammon)의 지배하에 살아가는 것이 아니라, 눈앞의 목표를 향해 한 걸음씩 내딛을 것이다. 그가 날마다 바쁘게 지내니, 그는 또한 쉴 것이다. 그가 날마다 고군분투하기에,

그는 또한 평안할 것이다. 그가 날마다 일하듯이, 그는 또한 기도할 것이다."

61. '멈춤'은 칼 바르트의 *Church Dogmatics* III.4, §53.1 (p. 50)에서 발췌함. 밀러는 하나님의 헌신이 안식일에 의해 '일상화(routinized)'된다고 말한다(*Ten Commandment*, 131).
62. 삼손 허쉬, *Horeb: A Philosophy of Jewish Laws and Observances*, trans. I. Grunfeld, 2 vols. in 1 (New York: Soncino, 1962), 76–77.
63. 데이비드 베이커, *Tight Fists or Open Hands? Wealth and Poverty in Old Testament Law* (Grand Rapids: Eerdmans, 2009), 294.
64. 밀러, *Ten Commandments*, 138.
65. 요제프 라칭거, *Collected Works, vol. 2, Theology of the Liturgy: The Sacramental Foundation of Christian Existence*, ed. Michael J. Miller, trans. John Saward et al. (San Francisco: Ignatius, 2014), 198–99.
66. 스탠리 하우어워스와 윌리엄 윌리몬, *The Truth about God: The Ten Commandments in Christian Life* (Nashville: Abingdon, 1999), 59.
67. 하우어워스와 윌리몬, *Truth about God*, 64.
68. 아브라함 헤셸, '시간의 궁전', in *The Ten Commandments: The Reciprocity of Faithfulness*, ed. William P. Brown (Louisville: Westminster John Knox, 2004), 214–22.
69. 토마스 아퀴나스, *Summa Theologiae* I–II, q. 100, art. 5.
70. 밀러가 The ethic of response is also an ethic of correspondence (*Ten Commandments*, 125)에서 멋지게 표현했다.
71. 밀러, Ten Commandments, 202.
72. 웨스트민스터 대교리서(q.124)에 따르면, '아버지와 어머니'는 친부모뿐만 아니라 나이와 능력에 있어서 모든 윗사람, 특히 가족, 교회, 또는 정부의 권력을 대표한다. 루터는 이 계명이 '부모와 다른 권위들(작은 교리문답)'을 지칭한다는 데 동의한다.

73. 이것은 또한 시민, 사회, 교회, 경제 지도자들이 부모의 배려로 통치해야 한다는 것을 암시한다.
74. '아버지와 어머니'는 성경의 후렴구이다(Exod 21:15; Prov 1:8; 6:20; 15:20; 30:17). 아버지가 왕이라면 어머니는 여왕이다.
75. 바르트, *Church Dogmatics* III.4, §54.2 (p. 245).
76. 바르트, *Church Dogmatics* III.4, §54.2 (pp. 255-59).
77. 가부장적인 작가들은 일반적으로 이 계명이 어른들을 대상으로 한다고 가정한다. 오리게네스는 부모를 공경하는 것은 "음식이나 옷과 같은 삶의 필수품"을 공유하는 것을 포함한다고 말한다. 또한 암브로세, *The Patriarchsx* 1.1, 제롬, *Letter* 123.6, 아우구스티누스, *Sermon* 45.2 그리고 밀러, *Ten Commandments*, 170-74; 하우어워스와 윌리몬, *Truth about God*, 71을 참조.
78. 순서에 주의!
79. 밀러, *Ten Commandments*, 172-73.
80. 밀러, *Ten Commandments*, 184.
81. 이스라엘의 어머니는 누구인가? 이스라엘은 여호와의 '아들'이지만, 그분의 '신부'이기도 하고, 그녀의 아이들의 '어머니'이기도 하다. 어머니를 공경하는 것은 하나님의 전통, 습관, 명성을 공경하는 것을 의미한다. 구체적으로, 그것은 사람들에게 '간호사' 역할을 하는 지도자들을 기리는 것을 의미한다(민 11:12). 모세가 묻는다: 내가 이 백성을 잉태하여 낳았는가? (민 11:12) 대답은 '아니오'이고, 그 의미는 여호와께서 이스라엘의 아버지일 뿐만 아니라 동시에 '어머니'라는 것이다. 알렉산드리아의 클레멘트는 지혜가 이스라엘의 어머니라고 주장한다(*Stromata* 6.16).
82. 삼손 허쉬는 인간의 몸은 살아 계신 하나님의 성전이라서 감히 그 성전을 공격할 수 없다고 썼다(*Horeb*, 224). 필로 역시 살인을 '하나님의 가장 신성한 소유물들의 성소에서' 신성불가침한 절도라고 보았다. 쿤츠의 *Ten Commandments in History*, 19.에서 인용함.
83. 제임스 조던, *Studies in Exodus: Lecture Notes* (Niceville, FL: Biblical Horizons, 1992), 65.

84. 밀러, *Ten Commandments*, 224 – 31.
85. 아우구스티누스, *On Lying* 13.23. 토마스 아퀴나스는 (*Summa Theologiae* I – II, q. 100, art. 8) 계명이 과도한 살해를 금지하지만, 사형은 과도한 살인이 아니라는 점에 동의한다.
86. 밀러, *Ten Commandments*, 234 – 38.
87. 윌리엄 캐버너, "Killing in the Name of God," 127 – 47, esp. 131.
88. 하우어워스와 윌리몬, *Truth about God*, 80.
89. 하우어워스와 윌리몬, *Truth about God*, 87. 앤드루 바세비치의 다양한 책에서 날카로운 분석을 참조.
90. 캐버너, "Killing in the Name of God," 147.
91. 베른트 반넨베취, "You Shall Not Kill," 168 – 69.
92. 로버트 젠슨, *Systematic Theology*, vol. 2, *The Works of God* (Oxford: Oxford University Press, 1999), 88.
93. 반넨베취, "You Shall Not Kill," 152 – 53, 156에서 인용.
94. 요한 바오로 2세가 말했듯이 포르노는 육체에 대한 욕구와 육체의 '배우자'의 의미를 분리한다. 우리의 몸은 자위적 쾌락을 위한 것이 아니라 개인 간의 결합을 위해 설계되었다.
95. 젠슨, *Works of God*, 88 – 91.
96. 이어지는 단락은 칼 바르트에 달려 있다. *Church Dogmatics* III.4.
97. 클레멘트, *Stromata* 6.16.
98. 젠슨, "Male and Female He Created Them," 187.
99. 율법보다 오히려 선지자들이 간통죄에 대해 훨씬 더 많이 언급했다(사 57:3, 렘 3:8 – 9, 겔 16장, 23장 참조).
100. 토마스 아퀴나스에 따르면, 이는 성경이 혼전 성관계를 금지한 근본적인 이유이다. 간통한 남자는 아내에게 속한 자신의 몸을 정부(情婦)에게 주는 것이 아니다. 그는 세례 때 받은 '그리스도의 몸'을 내어주는 것이다. 남편이 아내를 배신해서는 안 된다면, "더 많은 이유로 그리스도께 부정(不貞)해선 안 되는 것 아닌가?" (토마스, *Catechetical Instructions* 102, 하우어워스와 윌리몬, *Truth about God*, 94를 인용).

101. 이는 감옥에 가는 것보다 낫다. 만약 내가 100달러를 훔쳤다고 감옥에 간다면, 피해자는 100달러를 절대 돌려받지 못할 것이고, 나는 100달러의 가치를 훨씬 넘는 시간과 명예훼손과 절망, 그리고 전과(前科)를 지불하게 된다. 그리고 나는 '사회에 대한 빚'은 그 대가를 치르지만, 피해자에게 진 빚은 결코 갚지 않는다. 따라서 배상은 범죄자를 그의 범죄에 비례하여 처벌하고 피해자의 권리를 보호한다.
102. 삼손 허쉬, *Horeb*, 233.
103. 밀러, *Ten Commandments*, 319.
104. 우리는 순결의 법칙에서 이것을 엿볼 수 있다. 사람은 다양한 생리현상(레 15장) 또는 동물의 사체나 시체(레 11장; 민 19장)와 접촉하여 부정하게 된다. 사람의 옷도 더러워져서, 몸을 씻을 때에는 옷도 빨아야 하듯이, 몸도 마찬가지이다. 집은 곰팡이나 '나병(레 14장)'에 의해 더럽혀질 수도 있다. 의복과 생활 공간은 인간의 연장선에 있으며, 순수하거나 불순한 상태를 공유한다.
105. 페이스북에 가입했을 당시, 깨알 같은 글씨의 상세 내용을 읽어봤는가?
106. 삼손 허쉬, *Horeb*, 236, 경제생활에서 진실한 말의 필요성을 강조한다.
107. 토마스 아퀴나스, *Summa Theologiae* II–II, q. 66. 하우어워스와 윌리몬, *Truth about God*을 인용.
108. 벵거트 티모시, "Martin Luther" 116을 인용.
109. 밀러, *Ten Commandments*, 322, 329.
110. 삼손 허쉬, *Horeb*, 249.
111. 알렉산드리아의 클레멘트는 점성가들이 하나님의 운명에 대한 통제권을 훔쳐서 별들에게 주었기 때문에 그분의 날을 도둑질했다고 비난했다(*Stromata* 6.16).
112. 월터 브루거만, "Truth–Telling," 292.
113. 밀러, Ten Commandments, 344 – 45.
114. 특히, 남부에서 미국의 시민법과 법원 결정의 극적인 효과를 생각해 보라.

115. 브루거만, "Truth-Telling," 293.
116. 삼손 허쉬에 의해 만들어진 요점. Horeb, 265. '허위 답변'에서 사용법에 대한 내 설명을 참조. 테오폴리스연구소, 2018. 12. 7. https://theopolisinstitute.com/leithart/false-answer.
117. 마르틴 루터, *Small Catechism*.
118. 삼손 허쉬, *Horeb*, 251.
119. 소셜 미디어 사용이 '브랜드 관리'라는 개념은 테오폴리스연구소 나의 동료인 알라스테어 로버츠로부터 나왔다.
120. 이는 A. C. 크루이트의 작품으로, 얀 다우마가 인용. *The Ten Commandments: Manual for the Christian Life*, trans. Nelson D. Kloosterman (Phillipsburg, NJ: P&R, 1996), 322-23.
121. 바츨라프 하벨, "The Power of the Powerless," history.hanover.edu/courses/excerpts/165havel.html.
122. 하우어워스와 윌리몬, *Truth about God*, 120.
123. 아우구스티누스, *On Lying*. 폴 그리피스는 아우구스티누스의 입장을 옹호하고 새롭게 한다. *Lying: An Augustinian Theology of Duplicity*(Eugene, OR: Wipf & Stock, 2010). 이와는 대조적으로 제롬은 거짓말을 세 가지 범주(악의, 유용, 유머)로 구분했는데, 그중 하나만 틀렸다(악의). 아우구스티누스의 Letter 28과 제롬과 제롬의 주석(갈 2:11-14)을 참조.
124. 하우어워스와 윌리몬, *Truth about God*, 124.
125. 단테, *Purgatorio*, canto 17.
126. '모방하고자 하는 욕망'에 대한 현대 예언자가 르네 지라르이다.
127. 페르디난드 마운트, *Full Circle: How the Classical World Came Back to Us* (New York: Simon & Schuster, 2010).
128. 베라 파블로바, "나는 사랑에 빠졌고, 그러므로 자유롭게 살 수 있다." 스티븐 시모어가 번역, *Poetry*, January 2010, https://www.poetryfoundation.org/poetrymagazine/poems/53191/i-am-in-love-hence-free-to-live.
129. 아우구스티누스, *Sermon* 26.9.

사용된 저서

암브로시우스. *The Patriarchs. In Ambrose, Seven Exegetical Works*. Fathers of the Church, vol. 65. Translated by Michael McHugh. Washington, DC: Catholic University of American Press, 1970.

아우구스티누스. *On Lying. In Augustine, Treatises on Various Subjects*. Fathers of the Church, vol. 16. Translated by Mary Sarah Muldowney. Washington, DC: Catholic University of America Press, 1952.

———. *Against Faustus. Augustus, Answer to Faustus*, A Manichean. Works of St. Augustine: A Translation for the 21st Century. Translated by Elizabeth Ruth Obbard. Hyde Park, NY: New City Press, 2007.

———. *Sermon* 8. In Augustine, *Sermons 1-19 on the Old Testament*. Works of St. Augustine: A Translation for the 21st Century. Translated by Edmund Hill. Hyde Park, NY: New City Press, 2003.

———. *Sermon* 26. In Augustine, *Sermons 20 – 50 on the Old Testament*. Works of St. Augustine: A Translation for the 21st Century. Translated by Edmund Hill. Hyde Park, NY: New City Press, 1991.

———. *Sermon* 45. In Augustine, *Sermons 20 – 50 on the Old Testament*. Works of St. Augustine: A Translation for the 21st Century. Translated by Edmund Hill. Hyde Park, NY: New City Press, 1991.

———. *Sermon* 155. In Augustine, *Sermons (148 – 183)*. Works of St. Augustine: A Translation for the 21st Century. Translated by Edmund Hill. Hyde Park, NY: New City Press, 1992.

———. *Letter* 28. In Augustine, *Letters 1 – 99*. Works of St. Augustine: A Translation for the 21st Century. Translated by Roland Teske. Hyde Park, NY: New City Press, 2001.

———. *Letter* 55. In Augustine, *Letters 1 – 99*. Works of St. Augustine: A Translation for the 21st Century. Translated by Roland Teske. Hyde Park, NY: New City Press, 2001.

———. *Tractate*. In Augustine, *Homilies on the Gospel of John, 1 – 40*. Works of St. Augustine: A Translation for the 21st Century. Translated by Edmund Hill. Hyde Park, NY: New City Press, 2009.

———. *On Faith and Works*. *St. Augustine on Faith and Works*. Ancient Christian Writers 48. Translated by Gregory Lombardo. Mahwah, NJ: Paulist Press, 1988.

칼 바르트. *Church Dogmatics*. III/4, The Doctrine of Creation. Translated by A. T. MacKay et al. London: T&T Clark, 2004.

비드. *Homilies on the Gospels*. Translated by L. T. Martin and D. Hurst. 2 vols. Kalamzoo, MI: Cistercian Publications, 1990.

아를의 케사리우스. *Sermon* 100a. Cesarius, *Sermons 81-186*. Fathers of the Church. Translated by Mary Magdalene Muller. Washington, DC: Catholic University of America Press, 1964.

알렉산드리아의 클레멘트. *Stromata*. A. Roberts and J. Donaldson, eds. Ante-Nicene Fathers, vol. 2. 10 vols. Buffalo, NY: Christian Literature, 1885-1896. Reprint Grand Rapids: Eerdmans, 1951-1956.

단테. *Purgatorio*. Translated by Mark Musa. New York: Penguin, 2003.

에우세비오. *Proof of the Gospel*. Translated by W. J. Ferrar. London: SPCK, 1920.

이레나이우스. *Against Heresies*. A. Roberts and J. Donaldson, eds. Ante-Nicene Fathers, vol. 1. 10 vols. Buffalo, NY: Christian Literature, 1885-1896. Reprint Grand Rapids: Eerdmans, 1951-1956.

제롬. *Letter* 123. *Nicene and Post-Nicene Fathers*, Second Series, Vol. 6. Translated by W. H. Fremantle, G. Lewis and W. G. Martley. Buffalo, NY: Christian Literature Publishing Co., 1893.

———. *Commentary on Galatians*. The Fathers of the Church Patristic Series. Translated by Andrew Cain. Washington, D.C.: The Catholic University of America Press, 2010.

유스티누스. *Dialogue with Trypho the Jew*. A. Roberts and J. Donaldson, eds. Ante-Nicene Fathers, vol. 1. 10 vols. Buffalo, NY: Christian Literature, 1885-1896. Reprint

Grand Rapids: Eerdmans, 1951 - 1956.
마르틴 루터. *Luther's Small Catechism*. St. Louis: Concordia, 1986.
———. *Large Catechism*. In The Book of Concord, edited by Robert Kolb and Timothy Wengert, 379 - 480. Minneapolis: Fortress, 2000.
———. *Luther's Works*. Vol. 29, *Lectures on Titus, Philemon, and Hebrews*. Edited by Jaroslav Pelikan. St. Louis: Concordia, 1968.
———. *Luther's Works*. Vol. 7, *Lectures on Genesis, Chapters 38 - 44*. Edited by Jaroslav Pelikan. St. Louis: Concordia, 1965.
필로. *De Decalogo. Works of Philo*. Translated by C. D. Yonge. Peabody, MA: Hendrickson, 1993.
오리게네스. *Commentary on Matthew*. Allan Menzies, ed., Ante-Nicene Fathers, Vol. 9. Buffalo, NY: Christian Literature Publishing Co., 1896.
———. *Exhortation to Martyrdom*. Origen, *Prayer and Exhortation to Martyrdom*. Translated by John J. O'Meara. New York, NY: Newman Press, 1954.
———. *Homilies on Genesis*. Origen, *Homilies on Genesis and Exodus*. Fathers of the Church. Washington, DC: Catholic University of America Press, 1982.
———. *Homily 8 on Exodus*. Origen, *Homilies on Genesis and Exodus*. Fathers of the Church. Washington, DC: Catholic University of America Press, 1982.
———. *On Prayer*. Origen, *Prayer and Exhortation to Martyrdom*. Translated by John J. O'Meara. New York, NY: Newman Press, 1954.

사용된 저서

토마스 아퀴나스. *Summa theologiae*. Fathers of the English Dominican Province, 1920. Online edition by Kevin Knight, 2017.

웨스트민스터 대요리문답. *The Westminster Confession of Faith and Catechisms*. Lawrenceville, GA: Christian Education and Publications Committee of the Presbyterian Church in America, 2007.

참고 도서

데이비드 베이커. *Tight Fists, Open Hands: Wealth and Poverty in Old Testament Law*. Grand Rapids: Eerdmans, 2009.

G. K. 빌. *We Become What We Worship: A Biblical Theology of Idolatry*. Downers Grove, IL: IVP Academic, 2008.

월터 브루거만. "Truth–Telling as Subversive Obedience." In *The Ten Commandments: The Reciprocity of Faithfulness*, edited by William P. Brown, 291–300. Louisville: Westminster John Knox, 2004.

윌리엄 캐버너. "Killing in the Name of God." In *I Am the Lord Your God: Christian Reflections on the Ten Commandments*, edited by Carl E. Braaten and Christopher Seitz, 127–47. Grand Rapids: Eerdmans, 2005.

가이 디보드. *Society of the Spectacle*. Translated by Ken Knabb. London: Rebel Press, 2002.

제이슨 드루치. "Counting the Ten: An Investigation into the Numbering of the Decalogue." In *For Our Good Always:*

Studies on the Message and Influence of Deuteronomy in Honor of Daniel I. Block, edited by Jason S. DeRouchie, Jason Gile, and Kenneth J. Turner, 93–125. Winona Lake, IN: Eisenbrauns, 2013.

얀 다우마. *The Ten Commandments*. Transated by Nelson Kloosterman. Phillipsburg, NJ: P&R, 1996.

존 프레임. *Doctrine of the Christian Life*. Phillipsburg, NJ: P&R, 2008.

에드워드 그린스타인. "The Rhetoric of the Ten Commandments." In *The Decalogue in Jewish and Christian Traditions*, edited by Hennig Graf Reventlow and Yair Hoffman, 1–12. London: T&T Clark, 2012.

폴 그리피스. *Lying: An Augustinian Theology of Duplicity*. Eugene, OR: Wipf & Stock, 2010.

모쉐 할베르탈과 아비샤이 마리갈리트. *Idolatry*. Translated by Naomi Goldblum. Cambridge, MA: Harvard University Press, 1992.

빅터 해밀턴. *Exodus: An Exegetical Commentary*. Grand Rapids: Baker Academic, 2011.

데이비드 하트. "God or Nothingness." In *I Am the Lord Your God: Christian Reflections on the Ten Commandments*, edited by Carl E. Braaten and Christopher Seitz, 55–76. Grand Rapids: Eerdmans, 2005.

스탠리 하우어워스와 윌리엄 윌리몬. *The Truth about God: The Ten Commandments in Christian Life*. Nashville: Abingdon, 1999.

바츨라프 하벨. "The Power of the Powerless."
history.hanover.edu/courses/excerpts/165havel.html.

참고 도서

아브라함 헤셸. "A Palace in Time." In *The Ten Commandments: The Reciprocity of Faithfulness*, edited by William Brown, 214–22. Louisville: Westminster John Knox, 2004.

로버트 젠슨. "Male and Female He Created Them." In *I Am the Lord Your God: Christian Reflections on the Ten Commandments*, edited by Carl E. Braaten and Christopher Seitz, 175–88. Grand Rapids: Eerdmans, 2005.

———. *Systematic Theology*. Vol. 2, *The Works of God*. Oxford: Oxford University Press, 2001.

제임스 조던. *Studies in Exodus: Lecture Notes*. Niceville, FL: Biblical Horizons, 1992.

메러디스 클라인. "The Two Tables of the Covenant." *Westminster* Theological Journal 22 (1960): 133–46.

로버트 콜브와 뱅거트 티모시. eds. *The Book of Concord*. Minneapolis: Fortress, 2000.

폴 컨트스. *The Ten Commandments in History: Mosaic Paradigms for a Well-Ordered Society*. Emory University Studies in Law and eligion. Grand Rapids: Eerdmans, 2004.

피터 레이하트. "Chiasm of Five Words." Theopolis Institute, November 29, 2018, https://theopolisinstitute.com/leithart/chiasm-of-five-words.

———. "Counting to Ten." Theopolis Institute, February 18, 2019, https://theopolisinstitute.com/leithart/counting-to-ten.

———. "Don't Do, Don't Desire." Theopolis Institute, January 7, 2019, https://theopolisinstitute.com/leithart/dont-do-dont-desire.

———. "False Answer." Theopolis Institute, December 7, 2018, https://theopolisinstitute.com/leithart/false-answer.

스테판 롱. "John Wesley." In *The Decalogue through the Centuries: From the Hebrew Scriptures to Benedict XVI*, edited by Jeffrey Greenman and Timothy Larsen, 169–80. Louisville: Westminster John Knox, 2012.

라몬 룰르. *De proverbiis moralibus, tertia pars caput VIII–Caput XVII, tome II. In Opera omnia* 42. Mainz, 1721. Reprint, Frankfurt am Main: Minerva, 1965.

패트릭 밀러. *The Ten Commandments*. Interpretation: Resources for the Use of Scripture in the Church. Louisville: Westminster John Knox, 2009.

페르디난드 마운트. *Full Circle: How the Classical World Came Back to Us*. New York: Simon & Schuster, 2010.

에두아트 닐센. *The Ten Commandments in New Perspective*. Naperville, IL: Alex R. Allenson, 1968.

게리 노스. *The Sinai Strategy: Economics and the Ten Commandments*. Tyler, TX: Institute for Christian Economics, 1986.

베라 파블로바. "I am in love, hence free to live." Translated by Steven Seymour. *Poetry, January* 2010, https://www.poetryfoundation.org/poetrymagazine/poems/53191/i-am-in-love-hence-free-to-live.

데이비드 폴리슨. "Idols of the Heart and 'Vanity Fair.'" *Journal of Biblical Counseling* 27, no. 3 (1995): 35–50.

에브라임 래드너. "Taking the Lord's Name in Vain." In *I Am the Lord Your God: Christian Reflections on the Ten Commandments*, edited by Carl E. Braaten and Christopher Seitz, 77–84. Grand Rapids: Eerdmans, 2005.

라파엘 허쉬. *Horeb: A Philosophy of Jewish Laws and Observances*. Translated by Dayan Dr I. Grunfeld. New York:

Soncino, 1962.

요제프 라칭거. *Collected Works.* Vol. 2, *Theology of the Liturgy: The Sacramental Foundation of Christian Existence.* Edited by Michael J. Miller. Translated by John Saward et al. San Francisco: Ignatius, 2014.

크리스토퍼 세이츠. "The Ten Commandments: Positive and Natural Law and the Covenants Old and New—Christian Use of the Decalogue and Moral Law." In *I Am the Lord Your God: Christian Reflections on the Ten Commandments*, edited by Carl E. Braaten and Christopher Seitz, 18–38. Grand Rapids: Eerdmans, 2005.

베른트 반넨베취. "You Shall Not Kill—What Does It Take? Why We Need the Other Commandments if We Are to Abstain from Killing." In *I Am the Lord Your God: Christian Reflections on the Ten Commandments*, edited by Carl E. Braaten and Christopher Seitz, 148–75. Grand Rapids: Eerdmans, 2005.

뱅거트 티모시. "Martin Luther." In *The Decalogue through the Centuries: From the Hebrew Scriptures to Benedict XVI*, edited by Jeffrey Greenman and Timothy Larsen, 97–118. Louisville: Westminster John Knox, 2012.

성구 색인

십계명

인명 색인

옮긴이 **김용균**은 복음으로 청년들의 가슴에 감동과 영감을 불어 넣는 말씀 사역자로, "기본으로 돌아가라!", "다시 한 번 해보자!"를 수없이 외치며 신앙의 기초를 세우기 위해 제자훈련을 거듭했던 영적 코칭의 전문가이다. 지금도 길을 잃은 영혼들의 디딤돌이 되고자 상담가의 길을 걸으며, 더욱 전문적인 현장 목회자로서의 길을 걷고 있다.

한양대학교 경영학과 B.A
장로회신학대학교 신대원 M.Div
숭실대학교 기독교 상담 Th.M

기획자 **이상영**은 현재, 학원을 운영하며 17년째 학생들을 가르치고 있다. 여타 학원들처럼 입시 성공만을 목적으로 두지 않으려고 애쓰고 있다. 꿈도 없이 학교와 학원만 오가며 맹목적으로 살아가는 청소년들에게, 소소한 꿈 이야기를 들려주고자 노력 중이다. 아울러, 기독교 출판을 기획하면서 본 에센셜 시리즈가 흐릿한 세상에 작지만 따스한 빛이 되어주길 간절히 기도한다.

중앙대학교 일반대학원 M.A.
솔라피데출판사 기획팀
와이즈(WHY's)학원 원장/청소년상담사

크리스천 에센셜 시리즈

CHRISTIAN ESSENTIALS

『크리스천 에센셜』 시리즈는
기독교의 중요한 전통을 전달하고자 한다.
초대교회는 사도신경, 주기도문, 십계명,
세례, 성찬, 그리고 공예배와 같은 기본적인
성경적 가르침과 실천을 바탕으로 세워졌다.
이러한 기독교의 기초 전통들은 사도들부터
오늘날에 이르기까지 모든 세대를 바른 신앙으로
지탱하고 든든히 세워 왔다.
『크리스천 에센셜』 시리즈에서 계속 선보이는 책들은
우리 "신앙의 본질"에 대한 의미를 풍성히 묵상하게 한다.

시리즈 1 사도신경 46변형판 / 208p / 양장본
시리즈 2 주기도문 46변형판 / 176p / 양장본
시리즈 3 십 계 명 46변형판 / 208p / 양장본
시리즈 4 세 례 2023년 발행
시리즈 5 성 찬 근간